本书研究得到广东省宣传文化人才专项资金《比较视阈下的人口竞争力研究——基于粤浙苏鲁四省的实证分析》（XCWHRCZXSK2013-27）资助

本书出版得到广东省青年文化英才资助金和广东省社会科学院出版基金资助

赢取教育红利

中国人口质量转变初论

WINNING
EDUCATIONAL DIVIDENDS

STUDY ON
DEMOGRAPHIC QUALITY
TRANSITION

周仲高　著

社会科学文献出版社
SOCIAL SCIENCES ACADEMIC PRESS (CHINA)

本研究得到广东省宣传文化人才专项资金"比较视阈下的人口竞争力研究——基于粤浙苏鲁四省的实证分析"（XCWHRCZXSK2013—27）资助

本书出版得到广东省青年文化英才资助金和广东省社会科学院出版基金资助

摘要 （代序言）

　　随着中国人口转变的完成，人口转变的研究逐步"降温"。党的十九大报告明确提出，要"促进生育政策和相关经济社会政策配套衔接，加强人口发展战略研究"。加强人口发展战略研究，必须了解并遵循人口发展规律，按人口变动规律来制定战略规划。人口转变规律就是人口变动的一个基本规律，需要结合中国人口国情进行深化研究。人口转变是一个过程，不论人口转变是否完成，人口转变一直处于变化之中，差异在于人口转变所处的变化阶段及其发展态势。在人口变化过程中，不同阶段之间的划分构成了人口转变的具体内容。在我国，人口转变的理论与实证研究均较丰富，且观点不一，但缺少人口质量视界的人口转变研究成果。事实上，人口转变同时蕴含着"量变"与"质变"。在人口转变中，人口的质量也在发生转变。因此，从人口质量视角切入，提出人口质量转变的分析框架，梳理我国人口转变的轨迹，论证人口质量转变研究的合理性及意义，对人口转变理论研究的深化，合理解释人口转变后的"人口红利"与"教育红利"的战略机遇期，并对我国最终实现由人口大国迈向人力资本强国的目标均有着重要的理论意义与现实价值。

　　本书共由四章组成。第一章为概述，即对本书相关的宏观背景、核心概念、文献综述、研究思路以及研究意义给予说明，框定了本书研究的对象范围。第二章为中国人口质量转变的实证分析。本章着重研究教育因素在我国人口转变中的变动规律，以及它对我国人口转变的具体影响。第三章为中国人口质量转变的理论框架。本章在梳理世界人口转变理论的发展历程与演进特征的基础上，实证探讨了我国人口转变的模式，并从教育学视界出发，根据教育因素在人口转变中的作用机制，探讨教育学视界下人口转变理论的基本体系，提出人口转变的教育衡量标准，并对人口转变理论的可能拓展方向进行思考，提出了中国人口质量转变的基本框架。第四章为赢取教育红利的政策建议。本章在界定教育红利概念的前提下，对我国人口转变过程中的教育红利进行估算，并据之提出要抓住累积教育红利的关键时机，充分利用教育红利的战略机遇期。

本书的核心观点包括以下几点。

一是研究了世界人口转变中人口受教育程度变动的一般规律。第一，从世界一般情况看，人口接受的教育程度越高，其出生率、自然增长率与总和生育率越低，出生的预期寿命越高。第二，人口受教育程度的提高，有利于促进人口转变的完成。第三，世界人口数量转变的完成过程，也是世界人口质量提升的过程，人口转变过程与人口受教育程度提高的过程是同步进行的。第四，根据世界人口转变与教育发展的经验模型，当人口转变完成时，人口的平均受教育年限大致为7～10年。

二是研究了我国人口转变与人口受教育程度的一般规律。第一，我国人口数量转变与人口质量提高同步进行，基本符合世界人口转变过程的一般规律。第二，我国人口转变的速度快，时间短，政策干预性强以及转变的不稳定性，直接影响到人口受教育程度的提升速度，我国人口平均受教育年限普遍滞后于世界一般规律条件下人口转变所处阶段对应的水平。第三，我国人口受教育程度的滞后性在不断减弱，人口受教育程度已不断趋向一般规律，我国人口转变的教育指标正按理想的方向发展。第四，我国人口转变完成得不彻底，低生育水平条件下的人口工作依然艰巨。若把人口转变完成看成一个综合性的阶段系统，2002年世界一般的人口平均受教育年限是8.4年，而我国实际的人口平均受教育年限只有7.2年，滞后于世界一般水平。

三是提出了中国人口质量转变的基本框架。第一，世界人口转变的基本原理都是一致的，即由高位平衡转向低位平衡。人口转变理论的研究通常是结合社会发展进程来考察的，其归因由单一走向多元，但综合性的解释仍在争论之中。人口转变理论在方法论上由定性走向定量，人口转变过程同时也是人口发展由以死亡率为主向以生育率为主的转变过程。第二，与世界一般模式相比，我国人口转变模式有两个基本特征：一是人口死亡率下降速度十分快，早在前现代阶段，我国人口死亡率就降低到很低水平，并一直稳定在低水平之上；二是人口的出生率存在波动性，受强控型的政策调控影响，我国人口出生率下降速度快，但仍存在较大的反弹空间。第三，把教育因素纳入人口转变模型，即提出人口转变的教育判断标准，这既可以说是对经典人口转变理论的补充，也可以看成综合考虑到人口数量和质量的人口转变理论。因此，若某一国家的人口的数量转变已经完成，但人口平均受教育年限尚没有达到应有的程度，这就说明此国的人口转变还不彻底，人口质量没有得到同步的提升。若基于教育学视界对我国人口转变进行考察，2002 年我国人口转变还没有完成的观点是成立的。第四，人口转变理论的发展方向有三。一是向综合化方向发展，即其研究视角由单一走向多元，由多元走向综合，这样对现实人口发展问题的解释力也就更强。二是探讨人口转变完成后的发展方向（即进入后人口转变时代）。二是研究具体的转变模式。人口转变理论在具体国家的适用范围是不一样的，不同的国家有着不同的人口转变模式，在人口转变的多种影响因素中，某一因素可能在某一国家起主要作用，而在另一个国家却作用甚微。

四是估算并分析了中国人口质量转变后的教育红利。第一，教育红利指在人口的年龄结构中，劳动力人口的受教育程度快速提高的一个时期，在教育红利期内，受过教育（特别是高等教育）的劳动力人口占总人口的比重迅速提高，从而为社会经济发展创造了有利的人力资源条件。教育红利的提出，丰富与深化了人口转变理论，也将是对积极的、扩大的教育投资战略正确性的历史性验证。第二，教育红利的获得，在时间上显然要长于人口红利，而且可以说它是无时间限制的，教育红利更多的是教育投资的结果。第三，教育红利的获得是一个持续增进的过程，它并没有一个清晰的数量界限。教育红利的获得与人口质量转变的完成是同步的，人口质量转变的完成标准也可以作为教育红利获得（或开始）的标志，即人口质量转变（即当总人口平均受教育年限为 7 ～ 10年）完成，就标志着人口进入教育红利期，教育红利开始获得并持续增加。第四，据估算，2000 年，我国总人口平均受教育年限为 6.61 年，劳动力人口平均受教育年限为 8.52 年，到 2050 年，总人口的平均受教育年限将提升到 9.58 年，劳动力人口平均受教育年限提升到 13.24 年。从劳动力人口来看，2008 年劳动力人口的受教育程度达到初中毕业水平，到 2035 年左右达到高中毕业水平。从劳动力人口的年龄结构看，2000 年呈明显的金字塔结构，到 2050 年，不同年龄的劳动力人口平均受教育年限差别已很小，劳动力人口的总体受教育程度普遍得到提高。第五，我国人口转变完成的下限标准在 2005 年左右已基本达到，且人口数量转变的标准在 2005 年左右也已基本达到，但离人口质量转变的标准尚有较大的差距，要达到人口质量转变的标准，即总人口的平均受教育年限达到 8.8 年，仍需较长的时间。第六，要保证教育红利的获得，需要从人口、教育与社会三个方面确保，在教育方面要优先发展教育和优化教育质量与结构；在人口方面要加强对人口变动规律，特别是人口年龄结构演变规律的把握；在社会方面则要形成重视教育的氛围，确保教育红利的功效顺利发挥。

本书的学术价值有二。一是对人口转变理论本身的梳理与评析。本书通过评述国内外人口转变理论的派别流变，提炼了世界人口转变理论的发展线索，并据之考察我国人口转变的现实过程及理论学说，从学理上为人口转变理论研究系统化提出了自己的见解。二是从教育学视界下重新考察了人口转变的一般规律，并据之考察了我国人口转变过程中的教育因素，提出人口质量转变的分析框架。本书根据世界人口转变的一般规律，把人口受教育程度纳入人口转变的一般过程，并形成了人口转变的教育判断标准。在此基础上，提出并论证了我国人口转变质量完成滞后于数量完成的判断，并建议要抓住教育红利的历史机遇等观点。

本书的应用价值也较明显。一是为进一步认清我国人口形势提供了教育学的视界。我国人口数量大、受教育程度低的现状在较长一段时期内不可改变，虽然我国已完成了人口的数量转变，但因人口的质量转变还没完成，我国人口转变的完成是不彻底的，而且有可能会反复。二是估算并论证我国教育红利获得的可能性。本书建议在充分利用"人口红利"的同时，注重"教育红利"的累积，随着我国人口质量转变的完成，我国将进入教育红利期，因此，抓住当前时机，积极发展教育，将决定着我国全面建成小康社会重要目标的实现，并对我国最终实现由人口大国迈向人力资本强国的目标产生重要影响。

本书在模式案例与拓展应用方面尚欠深化，后续研究方向有二：一是通过概括与总结更多发达国家人口质量转变的具体模式，建立人口质量转变的模式案例，并据此进一步深化对人口质量转变规律的认识；二是在我国教育红利的拓展与应用方面尚需具体化，结合我国人口数量转变后的形势，与其他学科的知识链接，通过构建更多的指标，以更清晰的结果展示当前关注教育红利的必要性与紧迫感。

目 录
CONTENTS

第一章

概　述

本章就书稿相关的宏观背景、核心概念、相关文献、研究思路以及研究意义等作一总体概述。人口转变是一个过程，不论人口转变是否完成，从绝对意义上来说，当前我国人口正处于不断的变化过程之中。在人口变化过程中，不同阶段之间的划分构成了人口转变的具体内容。在我国，人口转变的理论与实证研究均较丰富，且观点不一，而单独从教育学视界分析人口转变的文献几近空白。事实上，人口转变中蕴含着丰富的教育因素。在人口转变中，人口的质量（如人口受教育程度）也在发生转变。尽管国内综合研究教育与人口关系的文献日渐增多，但研究思路侧重于宏观的关系研究或具体的数量论证，尚缺跨学科的交叉研究。因此，从教育学视界分析我国人口转变的变迁，梳理中国人口转变的轨迹，论证教育学视界下我国人口转变的合理性及意义所在，对我国人口转变理论研究的深化，合理解释我国人口转变后的"人口红利"与"教育红利"的战略机遇期，并对我国最终实现由人口大国迈向人力资本强国的目标均有着重要的理论意义与现实价值。

第一节　问题的提出

本节首先提出问题，从一个初入人口学研究领域的训练者角度，认为人口研究需要对问题意识给予特别关注，对问题的研究需要一种自觉的意识与反思的习惯，问题意识的形成，是对学术研究自信确立之开始。由问题意识导入，提出本书力求解决的主要问题。

一 问题意识

作为一个刚跨入人口研究行列的训练者来说，他对所面对的世界应该是既熟悉又陌生的。他对每天接触的书刊、数据、调研报告、学术活动以及同行的讨论都是熟悉的，但正是在这些熟悉的形式下，他每天面对的又是一个陌生的世界，这个世界是如此得复杂，但同时又是如此得美妙。学术魅力的根源不在于他所面对的熟悉世界，而是他所未知的陌生世界。正因如此，对于一个刚跨入学术行列的训练者来说，最痛苦的事情莫过于每天都要面对一个熟悉的世界，在熟悉的世界里纵情地漫游，却总是无法叩开陌生世界的大门。问题?！我有什么问题？我能提出什么问题？我到底存在哪些问题？这一连串的疑问逐步进入研究者的视域，从而构成了他的"问题集"。学贵疑，疑则进。随着"问题集"容量的不断增大，"问题集"里的问题又出现了问题。我为什么要提出问题？我为什么要这样提出问题而不那样提出问题？提出这些问题的意义何在，有无价值？也就是说，问题自身的合理性受到了质疑。事实上，在"问题集"里众多的问题中，有的是真问题，有的是伪问题，也有的问题是在特定条件下的问题，还有的问题是不同层次的问题。于是，在提出问题的基础上，还得进一步去辨别问题。

辨别问题包括确立判断问题真伪的标准和确立问题的分类标准两大方面。一方面，问题真伪的判断标准要依据实践需要来界定，尽管有些理论问题无法直接用实践来检验，但也可以通过逻辑的检验达到要求。从终极意义上说，实践是判断问题真伪的唯一标准，而从现实方面考虑，判断问题的真伪存在一个时间的间隔，问题的真伪并不能立即体现出来。因此，从某种意义上说，理论家所从事的工作，就是要依据现实的情况，发挥人类理性的作用，跨越这个时间间隔去预测后面的情况。另一方面，确立问题的分类标准对于辨别问题也不可忽略。所谓确立问题的分类标准，也就是厘清主体是从哪个层次提出问题以及提出什么类型的问题。从主客体的关系来说，"问题是主客体相互作用过程的阻隔和中断（受挫）"。[①] 问题是主客体之间发生的一种关系，这种关系至少存在三个不同层面：一是事实认知关系；二是价值选择关系；三是实际操作关系。对应于这三种关系，在理论上也存在三种问题（即问题的分类）：一是事实问题，它关注的是"实然"判断，要求主体保持价值中立；二是价值问题，它关注的是主体需要与客体属性的配位，是一种"应然"判断；三是操作问题，它关注的是主体对客体的干预，也是主体进入实践环节的途径。[②] 基于此种问题分类，在提出问题时，就需要明晰准备提出什么类型的问题，在辨别问题时，也得明晰问题是什么类型的问题。同样，在解决问题时，不同类型的问题也有不同的期待方案。但需要说明的是，在事实层面，人们对问题的理解并非一定要如此一一对应地加以划分，而在研究层面，这种划分对研究思路的澄清还是大有裨益的。

具体到我国人口研究领域，我国人口研究的最明显特征是它的务实性与政策性。人口研究对现实问题的解决程度成为衡量其正确与否的重要标准之一。据此，以现实问题为主要类型的研究，它实际上是以操作性问题为主，而对事实与价值的问题关注较少，这一点与我国人口学基础理论研究的不足是一致的。[③]

二 主要问题

根据上述的问题意识，本书所涉及的主要问题包括如下几个方面。第一，我国人口转变研究的现状如何。它要求对现有研究给予正确解读，明确研究的起点，避免重复劳动。第二，教育因素在人口转变中有无作用，若有，又有怎样的作用。这一系列问题着重于发现与论证教育因素在我国人口转变中的作用机制。第三，把教育因素纳入人口转变研究有什么理论意义与现实价值。这是对书稿研究的价值给予说明，具体

---

① 周作宇：《问题之源与方法之镜——元教育理论探索》，教育科学出版社，2000。
② 周作宇：《问题之源与方法之镜——元教育理论探索》，教育科学出版社，2000。
③ 李竞能：《21 世纪中国人口理论研究的展望》，《人口研究》1998 年第 2 期。

内容包括如何进一步丰富我国人口转变的理论研究。第四，我国人口转变完成后，对人口老龄化过程中的"人口红利"与"教育红利"作何判断，教育因素对人口转变有什么具体的现实价值等。第五，认清上述理论问题，对当前我国人口发展，甚至经济社会发展有何价值意义，从政策角度需要注意哪些问题，做好怎样的预案等。

第二节　主要概念界定

概念的界定是所有分析的基础，社会科学中常常存在一些仁者见仁、智者见智的观点，其中很多观点均由其所依据之核心概念的分歧所致。正因如此，在行文伊始，把本书研究所依据的核心概念进行基本界定就显得很有必要。在全书中，与书稿内容紧密相连的核心概念有人口转变、教育、人口红利、教育红利，下面分别对这四个基本概念给予说明。

一　人口转变

人口转变（demographic transition）这一概念最早由 W. S. 汤姆逊（Thompoon, 1929）提出，它最初是对欧洲人口再生产动态特征的总结性描述，后经 A. 兰德里（Landry, 1934）、F. 诺特斯坦（Notestein, 1949, 1953）等发展、完善，形成了解释人口历史变化的经典理论——"人口转变理论"。人口转变的本意是指人口发展由高出生率、高死亡率、低自然增长率，经过高出生率、低死亡率、高自然增长率，向低出生率、低死亡率、低自然增长率转变的过程。[①] 它描述的是人口再生产类型从传统模式向现代模式过渡的过程，是把人口再生产与外界变量（主要是经济发展阶段）进行联系的一种理论解释。

人口转变理论自形成至今，已经经历了近百年的历史，它在解释人口变化过程的各种理论中占据着主导地位。但另外，作为一种学说，它

---

① 李辉、于钦凯：《中国人口转变研究综述》，《人口学刊》2005 年第 4 期。

也在不断经历着修正与补充，同时也接受着来自不同方面的挑战与争议。

人口转变理论自提出之后，分别经历了由汤普森和诺特斯坦的二阶段模型、诺特斯坦和寇尔等人的四阶段模型、C. P. 布莱克的五阶段模型等不同的变种，但上述模型均有一个共同点，即对起点（高位静止）和终点（低位静止）的分析是一致的，也就是说，人口转变的本质就是由"高高低"这一阶段向"低低低"这一阶段转变。二战以后，人口转变理论体系基本形成，其中诺特斯坦和寇尔等人的人口转变理论模型影响最大。诺特斯坦在修正自己过去理论的基础上，把人口转变与工业化的发展阶段联系起来，形成了四阶段模型：第一阶段是工业化以前的阶段，出生率保持稳定的高水平，死亡率也处于高水平，人口自然增长率很低且有波动，即"高高低"，属于高位静止阶段；第二阶段是工业化初期阶段，出生率基本上维持不变，死亡率开始下降并且逐渐加快，人口自然增长率逐渐上升；第三阶段是工业化进一步发展阶段，死亡率继续下降，出生率也开始下降，但出生率下降速度滞后于死亡率下降速度，因此，这个阶段人口自然增长率最高，在第二、第三阶段，人口发展阶段均为"高低高"；第四阶段是完全工业化阶段，出生率和死亡率都降到了很低的水平，人口自然增长率也很低，甚至在零或零以下，人口发展进入"低低低"状态，属于低位静止阶段。[1]

人口转变进入"低低低"状态之后，人口的发展过程又形成了"第二次人口转变"（国内学者更多地称之为"后人口转变"），与前一阶段的人口转变（学者称之为"第一次人口转变"）相比较，第二次人口转变是指当人口处于"低低低"状态之后，妇女的生育率水平降至更替水平以下，人口的出生与死亡保持着一定比例的平衡，并在很长一段时间内保持着静止人口状态。[2] 一般来说，第一次人口转变的原因，

---

① 李建新：《人口转变新论》，《人口学刊》1994 年第 6 期。
② 〔英〕德克·J. 冯德卡：《欧洲的第二次人口转变》，刘恩靖译，《国外社会科学》1988 年第 5 期。

学界主要归因于工业革命后的社会经济发展和现代化；同时，文明、理性、世俗化以及文化的传播也发挥了重要的作用。而第二次人口转变的产生，不仅有经济上的原因，而且更多地受到社会与文化因素的影响。例如，Van de Kaa（1987）认为，"与第一次人口转变相比，欧洲第二次人口转变主要表现为四个重要的转移：第一，从婚姻的黄金时期转向同居的破晓；第二，从孩子为王的时代转向以伴侣为中心的时代；第三，从预防性的避孕转向自我实现的避孕；第四，从单一家庭模式转向多元化的家庭户模式"①。

二 教育

教育概念是一个使用十分普遍的概念，在教育学上，从广义上讲，凡是增进人们的知识和技能、影响人们的思想品德的活动，都是教育。狭义的教育，主要指学校教育，其含义是教育者根据一定社会（或阶级）的要求，有目的、有计划、有组织地对受教育者的身心施加影响，把他们培养成为一定社会（或阶级）所需要的人的活动。②

在实际的研究中，由于广义的教育难以测度，在一般文献中出现的教育，常常是指学校教育。在人口学中，对人口受教育程度的研究一直受到较多关注，我国自第二次人口普查（1964 年）起，就在普查项目中对人口受教育程度进行了统计，相关的领域已初步形成，并在教育与人口的交叉领域形成了一门新兴的学科——教育人口学。③

三 人口红利

人口红利（demographic dividend）是在人口转变过程中产生的，这一概念是舶来品，并于近几年在国内迅速流传。"人口红利所指的就是有利于经济发展的人口年龄结构，即劳动年龄人口占总人口比重较大，

① 蒋耒文：《"欧洲第二次人口转变"理论及其思考》，《人口研究》2002 年第 3 期。
② 南京师范大学教育系编《教育学》，人民教育出版社，1984。
③ 田家盛：《教育人口学》，人民教育出版社，2000。

抚养比较低，为经济发展创造了有利的人口条件。"①②③ 具体来说，就是在人口转变过程中，由于出生率与死亡率下降初始时间与速度不同步，后者先于前者发生，因而在人口转变的前一阶段，易出现人口年轻化趋势，少年儿童快速增长，而老年人口增长缓慢，其结果是总抚养比主要是少儿抚养比快速上升，经济增长深受其累，这时会形成所谓的"人口负债"；之后，在人口转变的后一阶段，易出现人口老龄化倾向，由于出生率下降速度和人口老龄化速度不是同步发生的，前者先于后者发生，前者与后者也是原因和结果的关系。在出生率下降初期，出生率下降速度快于人口老龄化速度。在这一人口变动过程中，会形成一个有利于经济发展的人口年龄结构，也就是少儿抚养比与老年抚养比在一个时期内都比较低的局面，并会持续较长一段时间。总人口"中间大、两头小"的结构，使得劳动力供给充足，而且社会负担相对较轻。年龄结构的这种变化将带来劳动力增加、储蓄和投资增长、人力投资增加和妇女就业机会增加等，从而对社会经济发展有利。人口学家称这段时期为"人口机会窗口"或"人口红利"。④

　　由上述可知，人口红利指的是人口转变过程中的一种状态或阶段。在这个阶段，人口的年龄结构有利于经济发展，经济的发展可能得益于人口年龄结构，从而产生"红利"的现象。但正如都阳所言，人口红利能否获得并不具有必然性，人口红利的获得需要一定的条件，处于人口红利期并不一定能获得红利，它需要促进经济发展的其他条件的共同支撑。⑤"理论和实践都证明，一个国家或地区要想从'人口机会窗口'中受益，必须要做的是对传统的相关发展战略做出相应调整。人口转变

---

① 陈卫、都阳、侯东民：《是人口红利？还是人口问题？》，《人口研究》2007 年第 2 期。

② Bloom, David E. and Jeffrey G. Williamson, "Demographic Transitions and Economic Miracles in Emerging Asia," *World Bank Economic Review* 12, 1998, pp. 419 – 455, Argue that it accounts for between one forth and two fifths of the "miracle".

③ Bloom, David E., David Canning and Pia Malaney, "Demographic Change and Economic Growth in Asia," *Population and Development Review* 26, 2000, pp. 257 – 290.

④ 陈友华：《人口红利与人口负债：数量界定、经验观察与理论思考》，《人口研究》2005 年第 6 期。

⑤ 陈卫、都阳、侯东民：《是人口红利？还是人口问题？》，《人口研究》2007 年第 2 期。

所带来的战略机遇期只是为一个国家或地区的经济增长提供了一个有利的环境，要将潜在的机遇转换为现实的经济增长和财富积累，必须辅之以及时而有效的发展战略调整。其中，适宜的政策和体制至关重要。回顾东亚各国经济起飞的历程，我们发现，这些国家之所以受益于人口转变带来的机遇，主要是政府能够审时度势，及时调整发展战略。"①

人口红利概念在我国使用中已产生了不同的含义，从本意来看，它指的仅是一种机会，即在人口转变过程中出现的一个有利于经济发展的阶段。但当"人口红利"变为"人口的红利"时，人口红利的概念就变得更加丰富，它实际上又指特定的人口年龄结构对经济发展的积极作用。

四　教育红利

教育红利概念是对应于人口红利而提出的，目前国内首次提出"教育红利"的学者是胡鞍钢教授。2004年9月，由联合国人口基金会、国际计划生育联合会、联合国开发计划署以及中国人口和计划生育委员会、全国政协在湖北省武汉市共同召开的"国际与人口发展论坛"上，胡鞍钢教授提出了"三个红利"，即人口红利、教育红利和减贫红利。他认为，所谓"教育红利"，就是通过各类人口进行人力资本投资所形成的"回报"。

根据胡鞍钢教授的定义，教育红利概念与教育经济学的"教育投资回报率""教育收益率"等概念相似。当然，在教育经济学中，关于"收益"或"收益率"的研究，着重的是教育投资的成本与收益之间的比较研究，且更倾向于研究教育的个人收益（率）。此外，与教育红利相近的概念还有人力资本投资收益，它侧重的是对人力资源投资后所产生的经济回报研究。

与人口红利概念对应，教育红利概念应与教育人口的年龄结构相联系，这样才能与教育收益、人力资本等概念相区别。教育红利期是

① 于学军：《中国人口转变与"战略机遇期"》，《中国人口科学》2003年第1期。

指在人口的年龄结构中，劳动力人口的受教育程度快速提高与积累的一个时期。在教育红利期中，受过教育（特别是高等教育）的劳动力人口占总人口的比重迅速提高，从而为经济发展创造有利的人力资源条件。

第三节　文献述评

学术研究是一个不断累积的过程，此种累积不仅体现在个体的学术生涯上，也体现在学术活动本身的传承上。前人研究综述（literature review）是学术研究的起点。本节就人口转变的国内外相关研究进行系统梳理，力求理解原意，客观述评，争取拓展思路，找到更大学术发展空间。

如前所述，人口转变研究属于人口研究中的一个热点，相关的研究文献十分丰富。以中国期刊网（CNKI）的搜索为例，在篇名中输入"人口转变"，按精确方式查询，1980～2017 年符合条件的文献篇数达845 篇。综述国内的研究，关于人口转变的研究可用下面三句话来概括：一是我国人口转变是什么样的（描述型）？二是我国人口转变何以如此（归因型）？三是我国人口转变会带来什么后果（对策型）？分别阐述如下。

一　描述型

如前所述，人口转变理论原指人口再生产类型从传统模式向现代模式的过渡，一般以"三率"（出生率、死亡率和自然增长率）为评判标准。对我国人口转变的描述研究，可分为三方面的讨论，一是我国人口转变是否完成；二是对人口转变的阶段划分；三是关于"后人口转变论"的讨论。

关于人口转变是否完成，有明显对立的两种观点。较多观点认为我国已经完成了传统意义的人口转变。有研究报告指出，"九五"期间，我国人口成功地完成了传统意义上的人口转变并已进入以低生育水平为基本特征的时期。① 于学军等根据发达国家完成人口转变历史，从中国人口出生率和死亡率等方面数据出发，得出我国已经实现人口转变的结论②；李建民依据 1998 年我国人口一些重要指标所达到的水平，并通过与发达国家同类指标达到相同或相近水平时间的比较，判定我国人口转变过程在 20 世纪末已经完成，人口增长从低增长走向零增长和人口结构性变动这两个"后人口转变"时期，人口变动的基本特征在我国已经开始显现出来③；原新认为，由于计划生育政策促使人口数量下降，我国已达到了人口转变完成的标准。④

也有观点认为中国还没有实现真正意义上的人口转变。例如，马瀛通、冯立天等认为，中国 21 世纪将出现三大人口高峰，中国现代人口转变三大高峰的到来，也是中国实现现代人口转变的标志。⑤ 王学义认为，中国人口转变的外在机制（人工控制）已经比较健全，但人口转变的经济、社会、文化等内在机制尚不健全，离人口转变的完成还差得远，只能说中国人口转变正在发展过程中。⑥ 李军峰认为只有在生育主体自主选择的基础上达到稳定低生育水平，才能说完成了人口转变。⑦刘传江、郑凌云则认为我国农村地区的生育观念受经济、社会、文化等方面影响，还没有发生质的转变。⑧

关于人口转变的阶段划分，则形成了"二阶段论"、"三阶段论"、"四阶段论"和"五阶段论"等不同的划分方法。例如，穆光宗、陈卫

---

① 国家统计局：《人口发展实现了历史性转变——"九五"时期国民经济和社会发展系列分析报告之十三》［EB/OL］，http://www.stats.gov.cn/ztjc/ztfx/jwxlfxbg/200205/t20020530_35918.html。

② 于学军：《中国人口转变与"战略机遇期"》，《中国人口科学》2003 年第 1 期。

③ 李建民：《中国的人口转变完成了吗?》，《南方人口》2000 年第 2 期。

④ 原新：《欧盟人口转变与中国之比较》，《人口学刊》2001 年第 2 期。

⑤ 马瀛通、冯立天、冷眸：《三大人口高峰与中国现代人口转变》，《人口与经济》2000年第 2 期。

⑥ 王学义：《对中国人口转变的基本判断及问题研究》，《四川行政学院学报》2002 年第 1 期。

⑦ 李军峰：《从制度经济学看中国的人口转变》，《人口与经济》2002 年第 3 期。

⑧ 刘传江、郑凌云：《现代化进程中的人口转变：一个广义视野的考察》，《南方人口》2002 年第 4 期。

认为，我国人口转变呈现"以死亡率变动为主导型（1949～1970年）"与"以出生率变动为主导型（1970年至今）"两个阶段。① "三阶段论"在国内较为流行，例如，王胜今教授将人口转变放到社会经济发展的背景下，借鉴前人理论，将中国人口转变划分为三个阶段：高出生、高死亡比较稳定和均衡的阶段；高出生、低死亡阶段；低出生、低死亡相对稳定阶段，并认为我国的人口转变类型属于"亚洲发展中国家人口转变类型和日本人口转变类型的混合型"。② 中国学者宋元梁依据人口平均预期寿命逐渐延长，把人口转变分成四个阶段：静止阶段、初期增长阶段、晚期增长阶段、稳定阶段。③ 尹勤、高祖新通过对出生率、死亡率曲线的研究，也将1949年以来中国人口转变进程划分为四个不同阶段。④ 罗淳借鉴英国布莱克的"五阶段理论"，将我国人口转变划分成五个阶段。第一，"高位静止"阶段：高出生率、高死亡率，接近零增长。第二，"初期加速"阶段：出生率依然维持在较高水平，死亡率开始稳步下降，人口转变随之正式启动。第三，"中期扩张"阶段：在死亡率的稳步下降持续了相当一个时段后，出生率逐渐由小变大，死亡率的下降速度由快变慢，人口转变进入鼎盛时期。第四，"后期减速"阶段：随着出生率的继续下降，死亡率已降至低位并趋于稳定，这时出生率与死亡率之间的差距呈收缩之势，人口增长渐次导入了减速期。第五，"低位静止"阶段：出生率和死亡率均已降至最低水平，并已趋向均衡，人口接近零增长，人口转变宣告结束。⑤ 朱国宏则借鉴美国学者比得和拉金的"五阶段"法也将中国人口转变划分成五个阶段，并且认为中国已经到了第五阶段，实现了人口转变。⑥

---

① 穆光宗、陈卫：《中国的人口转变：历程、特点和成因》，《开放时代》2001年第1期。

② 王胜今：《人口社会学》，吉林大学出版社，1998。

③ 宋元梁：《试论我国的经济转型与人口转变》，《人文杂志》1997年第3期。

④ 尹勤、高祖新：《我国人口转变进程探讨》，《南京人口管理干部学院学报》1998年第2期。

⑤ 罗淳：《人口转变进程中的人口老龄化——兼以中国为例》，《人口与经济》2002年第2期。

⑥ 朱国宏：《人口转变论——中国模式的描述和比较》，《人口与经济》1989年第2期。

关于后人口转变思想的提出与讨论，在人口学界曾形成了广泛的讨论。有学者认为中国人口转变在 20 世纪 90 年代已完成，进入"后人口转变"时期。但也有学者认为，人口转变应是机制（内部运行机制与外部制约机制）的形成，中国人口转变的内部机制却并未真正形成，因此人口转变并未真正完成。1999 年在全国计划生育工作会议上，国家计生委主任张维庆在报告中提到"后人口转变"一词，提出我国人口转变过程已经于 20 世纪末结束，在 21 世纪进入"后人口转变时期"。邬沧萍、穆光宗较早引用"后人口转变"一词。于学军认为"人口转变"一词说明一个国家或地区的人口开始进入了"低 - 低 - 低"的现代人口再生产类型时期，使用"后人口转变"一词，可以提示人们跳出人口数量多少和生育水平高低的狭隘视野，更多地关注今后低生育水平下的中国人口及相关的人口质量、结构、分布等问题，利用中国人口具有划时代意义的转变时机，探讨传统人口转变理论未尽的内容，研究具有中国特色的人口转变理论。① 相反的观点则认为，"后人口转变"的判断标准不清晰，被人为地冠以莫名其妙的名称，跟"后工业化""后现代"等词具有同样缺陷，割裂了人口各个发展过程的连续性，是没有必要的。②③ 陈剑从欧美实现现代化情况出发，认为人口转变完成的标志是人口城市化和非农化进程结束，人口进入零增长。中国目前正向工业化中期逼近，不仅没有完成人口转变，更谈不上进入"后人口转变"期。④

上述关于人口转变的描述型分析过程表明，人口转变理论作为世界人口变化过程中的经典理论，在各个国家都有着不同的转变历程，学者对它的理解不一。但无论是何种理解，人口转变理论为研究人口变动过程提供了一个基本的模式，作为一种经典理论，无论"后人口转变论"提出的合理性如何，根据我国人口的变动形势，拓展与修正传统的人口

① 于学军：《中国进入"后人口转变"时期》，《中国人口科学》2000 年第 2 期。
② 李建新：《"后人口转变论"质疑——兼与于学军、李建民博士商榷》，《人口研究》2000 年第 6 期。
③ 叶明德：《对"中国进入后人口转变时期"的质疑》，《中国人口科学》2001 年第 1 期。
④ 陈剑：《现代化，人口转变与后人口转变》，《市场与人口分析》2002 年第 6 期。

转变理论，形成符合中国人口变动过程的特色理论，应是一个努力的方向。正基于此，本书把教育变量纳入人口转变的研究视野，既是拓展人口转变理论内涵的尝试，也对中国人口转变后的教育供需、人力资本的增存以及经济发展等研究有重要的意义。

二　归因型

我国人口转变主要受哪些因素影响，目前国内学者对之观点不一，并据此形成了人口转变的不同观点。根据我国学者对人口转变的归因研究，大致包括如下几种因素。[①]

（一）社会生产方式等经济因素

人口转变过程既是经济增长的结果，同时也是影响经济增长的重要因素之一。人口转变是经济快速增长的结果，而不是经济起飞的条件。社会生产方式的转变及相应的经济制度转变是影响人口转变的决定因素。宋元梁从经济体制转型方面论述人口转变与经济发展的相互联系，认为只有使经济和人口都向良性循环转变，才能完成人口转变。[②] 张萍认为，社会经济的发展是影响人口转变的根本因素。[③] 王涤认为，人口的发展特别是人口再生产类型的转变不是孤立地、单纯地在人口过程中进行，其根源是社会生产方式和社会经济条件的变化和社会生产力的发展。[④] 张国、林善浪认为中国人口进行人口再生产类型的转变关键在于国家和人民深刻认识到人口增长与社会经济发展及资源环境之间的紧密联系。[⑤]

（二）计划生育政策因素

我国在短时间内实现人口再生产类型的转变，除社会经济因素

---

① 李辉、于钦凯：《中国人口转变研究综述》，《人口学刊》2005 年第 4 期。
② 宋元梁：《试论我国的经济转型与人口转变》，《人文杂志》1997 年第 3 期。
③ 张萍：《影响我国人口转变的根源初探》，《胜利油田职工大学学报》2006 年第 4 期。
④ 王涤：《中西方两种人口转变方式的探析》，《杭州师范学院学报》2000 年第 5 期。
⑤ 张国、林善浪：《中国发展问题报告》，中国社会科学出版社，2000。

外，还有一个重要的因素，这就是人口政策影响。中外学者一致认为，中国生育率下降的主导因素是计划生育政策。我国严格的计划生育政策是促进我国人口迅速转变的重要原因。原新认为，中国只用了1/4 个世纪就实现了生育率由高向低的转变，其中计划生育政策构成了人口控制的主体。① 杜闻贞认为，中国的人口转变和经济的发展是分不开的，但国家的生育政策在人口转变过程中起着至关重要的作用。② 罗丽艳通过分析孩子的成本效用，认为计划生育政策加速人口转变的作用机制在于政策的执行改变了家庭内孩子成本效用的对比关系，从而影响了家庭生育政策。③

（三）现代化约束因素

中国人口转变和现代化进程是分不开的，人口转变实质是伴随社会的现代化而发生的人口再生产行为现代化。王岸柳探讨了人口转变的历史本质与人类现代化进程的关系，认为人口转变的影响因素和现代化是分不开的，应该结合现代化标准来衡量人口转变。④ 朱国宏认为中国人口转变的直接原因是计划生育政策，间接原因是现代化推动，特别是社会发展的作用，如交易的发展、城市化水平等。⑤ 陈剑认为现代化是人类从传统的农业社会向现代工业社会转变的历史过程，人口转变实际是现代化过程在人口发展中的体现。⑥

（四）社会文化因素

中国两千多年的封建文化对现代化进程有很大的影响，并影响到

---

① 原新：《中国人口转变及未来人口变动趋势推演》，《中国人口科学》2000 年第 1 期。
② 杜闻贞：《论经济发展与现代人口转变》，《南京大学学报》（哲学社会科学版）1994 年第 3 期。
③ 罗丽艳：《孩子成本效用的拓展分析及其对中国人口转变的解释》，《市场与人口分析》2003 年第 3 期。
④ 王岸柳：《人口转变论的进一步思考》，《人口研究》2002 年第 6 期。
⑤ 朱国宏：《现代化进程中的人口转变及其社会经济含义》，《复旦学报》（社会科学版）1997 年第 4 期。
⑥ 陈剑：《现代化，人口转变与后人口转变》，《市场与人口分析》2002 年第 6 期。

生育。在现代文明已经比较发达的条件下，传统文化还有很大影响，中国人口控制工作的巨大成就，实际上已经充分利用了社会文化中的有利因素。吕红平认为传统文化对中国人口转变影响深远，我们必须合理利用传统文化。① 杨子慧认为中国人口转变主要依赖于新型生育文化的促进作用。②

（五）其他因素

除以上因素外，中国人口转变的影响因素还有很多。如：技术因素和制度因素、流行疾病模式因素、人口质量因素等。李建民通过对古典人口转变与现代人口转变两个层面比较分析，将技术和制度两个因素加入人口转变的研究，从而加深对中国人口转变的认识。③ 吕昭河认为"现代生育率与死亡率控制技术的运用导致了人口再生产类型的现代转变"。人口转变实际上是一个综合变量的转变，人口转变并不是单纯的数量转变，还应该包括人口的质量和结构转变，如果这些因素有一个没有完成，人口转变都是不彻底的。④ 杨子慧通过分析发达国家"自发式人口转变"和发展中国家"诱导式人口转变"，认为中国人口转变得益于特有的"三结合"的生育政策，这是介于自发式转变和诱导式转变中间的一条道路，即"综合人口转变模式"。⑤

诸多因素共同作用下的中国人口转变过程，具有自己的特殊性，有学者总结我国人口转变具有如下特殊性：一是人口转变速度快，时间短；二是人口转变地区发展不平衡；三是人口转变过程政策干预性强；四是人口转变具有不稳定性。⑥ 总体而言，受人口政策的直接影响，我国人口转变是十分特殊的，这也为研究我国独具特色的人口转变理论提供了基础条件。

---

① 吕红平：《论传统文化对中国人口转变的影响》，《中国人口科学》1996 年第 4 期。
② 杨子慧：《"三结合"：人口转变的第三种途径》，《人口研究》1998 年第 5 期。
③ 李建民：《人口转变论的古典问题和新古典问题》，《中国人口科学》2001 年第 4 期。
④ 吕昭河：《人口现代化：一个历史过程的理论探讨》，《思想战线》1999 年第 4 期。
⑤ 杨子慧：《"三结合"：人口转变的第三种途径》，《人口研究》1998 年第 5 期。
⑥ 李辉、于钦凯：《中国人口转变研究综述》，《人口学刊》2005 年第 4 期。

三 对策型

我国人口转变会对社会经济的方方面面产生影响，学者从不同角度考察人口转变的影响与对策。概括当前我国人口转变的影响研究成果，可分为以下几个方面。

（一）对经济发展的影响

人口转变对经济发展的影响研究最受关注，且有众多文献对之进行了探析。事实上，"人口红利"概念就是在探讨人口转变对东亚经济奇迹中形成的。在对"东亚奇迹"的众多研究中，人口转变因素逐步受到了经济学家和人口学家的充分重视，被誉为"东亚奇迹"背后的重要变量和决定性因素之一。研究表明，人口转变对"东亚奇迹"的贡献作用大约为三分之一。但是，随着人口的"机会窗口"关闭，人口老龄化对这些国家和地区的经济增长带来了不同程度的冲击。[①] 蔡昉通过高储蓄率、充足的劳动力供给和低抚养比，论证了中国人口转变对改革开放以来高速经济增长的贡献，并揭示了人口红利即将消失的趋势，由此提出最大化促进就业是维持人口对经济增长正面效应的关键。[②] 都阳通过与其他国家的经验进行比较，对中国分省资料的实证分析表明，人口因素对经济增长的影响是动态的。出生率增加对经济增长的负面影响越来越小，新增劳动力对中国经济增长的积极影响则越发明显。[③]

（二）对社会保障的影响

人口转变对社会保障的影响也是十分明显的，伴随着人口老龄化的加速，当前的社会保障体制直接影响着后期解决人口老龄化问题的难

[①] Bloom, David E. and Jeffrey G. Williamson, "Demographic Transitions and Economic Miracles in Emerging Asia," *World Bank Economic Review* 12, 1998, pp. 419–455.

[②] 蔡昉：《人口转变、人口红利与经济增长可持续性——兼论充分就业如何促进经济增长》，《人口研究》2004年第2期。

[③] 都阳：《人口转变的经济效应及其对中国经济增长持续性的影响》，《中国人口科学》2004年第5期。

度。陈岱云认为,人口老龄化的出现向社会保障事业提出了新的要求,即社会和政府对中国的人口计划生育工作、社会保障工作要统筹考虑,要有新的思路和对策,并能维持来之不易的人口与计划生育工作取得的低生育水平,这是为全面建设小康社会创造良好的人口环境的重中之重。① 陈岱云、赵德铸认为,社会保障不仅是政策问题,更是一个法律问题,需要从法律的角度来审视、思考人口转变后的社会保障问题,特别是养老保障问题。②

(三) 对消费/市场的影响

人口转变后的人口年龄结构也是市场经济的一个重要因素,对消费市场有着明显的导向作用。李通屏认为,对市场主体——人口及其动向的把握是分析未来市场的重要依据。世纪之交的中国人口转变对市场规模、结构、物价等方面具有重要影响。关注人口动向,对工商企业参与市场竞争、减少盲目投资、生产适销对路产品有重要意义。③ 李通屏、李建民运用新制度经济学和人口经济学理论,论证了中国人口转变对消费制度的各种影响,并据此认为中国保持适度人口增长具有必要性。④

(四) 对宏观发展战略的影响

中国人口转变发生之后,形成了一个有利于经济发展的战略机遇期,据此,于学军提出要应用"人口机会窗口"理论,从人口转变的角度分析十六大报告提出的战略机遇期的概念。他认为,快速的人口转变将把中国带入人口负担最轻的时期,也是全面建设小康社会的战略机遇期。由于特殊的国情,特别是庞大的就业人口压力和老年人口负担,中国发挥"人口机会窗口"效应面临诸多的挑战。同时,人口转变所

① 陈岱云:《人口转变及后续社会保障对策研究》,《江苏社会科学》2005 年第 5 期。
② 陈岱云、赵德铸:《人口转变与社会保障问题的法律思考》,《山东大学学报》(哲学社会科学版) 2006 年第 6 期。
③ 李通屏:《中国人口转变与未来市场》,《郑州大学学报》(哲学社会科学版) 1998 年第 1 期。
④ 李通屏、李建民:《中国人口转变与消费制度变迁》,《人口与经济》2006 年第 1 期。

带来的战略机遇期只是为一个国家或地区的经济增长提供了一个有利的环境，要将潜在的机遇转换为现实的经济增长和财富积累，必须辅之以及时而有效的发展战略调整。[①] 因此，人口转变作为国家宏观发展战略的一个基本国情，对战略抉择有着重要的影响。

综述已有研究可以发现，单独从教育学视界分析人口转变的文献几近空白，而在人口转变中却内蕴着教育因素。在人口转变中，人口的质量（如人口受教育程度）也在发生转变。国内综合研究教育与人口关系的文献日渐增多，但研究思路侧重于宏观的关系研究或具体的数量论证，尚缺跨学科的交叉研究。总之，从教育学视界分析我国的人口转变是一个独特视角。

第四节　研究思路与研究意义

本节将对书稿研究的基本思路作一说明，并探讨本研究对我国人口问题及相关领域研究的理论意义与现实价值。

一　研究思路

中国人口转变后将会产生什么后果，其原因在人口转变之前已起作用，无论是在哪个阶段认识，或使用哪种措辞来表述，其内在的逻辑关系已成。正因如此，对中国人口转变之前的多视界的解释，对当前人口发展状况的正确判断，都决定着未来的结果。本书从中国人口转变的历史轨迹与现实基础出发，借鉴与参考国内外人口转变的研究成果，采用多元统计分析与数理人口学方法把教育因素在复杂的人口转变中析出，旨在从教育学视界来透析中国人口转变的内在线索与影响方式，并据此分析中国人口转变后的可能后果，特别提出人口转变后的"教育红利"与"人口红利"的关系，为实现我国由人口大国向人力资本强国迈进，全面建成小康社会重要目标提供一个重要的参照。

---

① 于学军：《中国人口转变与"战略机遇期"》，《中国人口科学》2003 年第 1 期。

二　研究意义

教育学视界下的中国人口转变，将摆脱单纯以"三率"的变化为中心的传统人口转变研究思路，从另一个学科视域出发，探讨中国人口转变的历程、特点与成因，分析中国人口未来发展的战略。教育因素贯穿于中国人口转变始终，但在更多层面上属于中介变量，尝试把教育因素析出，是对中国人口转变理论研究的深化，并据此可能形成中国特色的人口转变理论；是对我国人口理论研究的深化，具有重要的理论意义。本书尝试合理解释我国人口转变后的"人口红利"与"教育红利"战略机遇期，其将影响着我国全面建成小康社会重要目标的实现，并对我国最终实现由人口大国迈向人力资本强国目标产生重要影响，因而本书研究也将具有重要的现实价值。

（一）拓展并丰富了人口转变理论

本书的学术价值体现在对人口转变理论与中国人口实际的检验与修正上。一是对人口转变理论本身的梳理与评析。书稿通过评述国内外人口转变理论的派别流变，提炼了世界人口转变理论的发展线索，并据之考察我国人口转变的现实过程及理论学说，从学理上为人口转变理论研究系统化提出了自己的见解；二是从教育学视界下重新考察了人口转变的一般规律，并据之考察了我国人口转变过程中的教育因素，提出教育红利的分析框架。本书根据世界人口转变的一般规律，把人口受教育程度纳入人口转变的一般过程，并形成了人口转变的教育判断标准。在此基础上，得出并论证了我国人口转变质量完成滞后于数量完成的判断，并建议要抓住教育红利的历史机遇等观点。

（二）研究结果对人口与教育发展有较强现实价值

从教育学视界出发对我国人口转变阶段的科学判断，对我国人口与教育的发展道路有重要借鉴价值。一是为进一步认清我国人口形势提供了教育学的视界。我国人口数量大、受教育程度低的现状在较长一段时期内不可改变，虽然我国已完成了人口的数量转变，但因人口的质量转变还没完成，我国人口转变的完成是不彻底的，而且有可能会反复。二是估算并论证了我国教育红利获得的可能性。本书建议在充分利用"人口红利"的同时，要注重"教育红利"的累积，随着我国人口质量转变的完成，我国将进入教育红利期，因此，抓住当前时机，积极发展教育，将决定着我国全面建成小康社会重要目标的实现，并对我国最终实现由人口大国迈向人力资本强国的目标产生重要影响。

| 第二章

中国人口质量转变的实证分析

本章实证分析教育因素在我国人口转变中的作用。在我国长达半个多世纪的人口转变过程中，人口的受教育水平也有了显著提高。人口转变过程不单纯是一个人口出生率、死亡率和自然增长率等指标的变动过程，它也是与社会经济发展阶段紧密相连的，教育因素作为衡量社会经济发展程度的重要指标之一，在我国人口转变中有着什么样的变动规律，对我国人口转变有何影响，这是本章需要解答的问题。第一节对如何测度教育因素给予说明，分析教育因素测度指标的基本含义，并辨明不同测度指标之间的联系与区别；第二节则从人口转变的衡量标准（出生率、死亡率、自然增长率、总和生育率等）出发，根据世界各国的基础数据，探讨人口转变诸指标与教育因素之间的一般规律；第三节是研究我国人口转变中的教育因素测度，分析教育因素在我国人口转变中的作用，着重研究我国人口转变中人口平均受教育年限理想值与实际值的差距，从实证角度对我国教育因素在人口转变中的地位与作用进行评估，并对我国的特殊人口转变给予教育学视界的解释，从教育学视界为拓展人口转变理论提供一个新方向。

第一节　教育因素的测度

教育所指十分广泛，本节所指的教育仅指狭义的教育，即学校教育。教育作为社会发展进程中的一个重要变量，在研究过程中常被作为重要的解释因素。本节先对教育因素的测度作一说明，以便为后续的实证分析统一口径。

一 教育指标的类型

教育指标研究是近年来国内外教育研究的热点问题之一，教育指标研究就是要提供测评教育发展水平的各个维度，并说明从这些方面检视教育发展水平的合理性。在复杂的教育系统中，教育指标体系也是有序分类的，各种指标之间具有内在的逻辑。当前世界各国教育指标体系的建构原则各异，主要包括如下几种。

（一）Windham 教育指标体系

Windham 在 1988 年提出了测量教育的指标体系，该体系包括输入指标（Input）、过程指标（Process）、输出指标（Output）和结果指标（Outcomes）四个部分。其中输入指标包括学生特质、教师特质、学校特质、教学和设备的特征、设施的特质等；过程指标包括教学组织的形式、变通的教育科技、师生的时间运用等；输出指标包括认知成就、技能的精进、态度改变、行为改变等；结果指标包括雇用、收入、地位、态度改变、行为改变等。[1] Windham 教育指标体系庞大，包括了对教育输入、过程、输出和结果的多维评价，结果是对结果的评价，已不再单纯局限于教育系统。

（二）Stufflebean 的 CIPP 评鉴模式

Stufflebean 1971 年提出并完善的 CIPP（Context，Input，Process，Product）模式，主要用于在线学位项目的评价计划。它包括如下四个方面：一是背景评鉴，基本取向在于确认研究对象的长处及缺点，并提供改进方向，涉及考察环境、定义需求、构建总目标和行动目标；二是输

---

[1]　Windham D. M.，"Effective indicators in the economic analysis of educational activities," *International Journal of Educational Research* 12（6），1988，pp. 575 – 666.

入评鉴，主要取向在于为一项变革方案指示行动方针，评估为实现背景评价中定义的总目标所采用的各种方法；三是过程评鉴，是对实施过程中的计划作连续不断地查核，是考察项目的具体执行情况；四是成果评鉴，测量、解释及判断一个方案的成就，关注项目结果，并将该结果与前述评价过程中的结果进行联系。完善的 CIPP 模式除包括上述四个维度的评价之外，还包括有效性、可持续性和可推广性三个维度的评价。在这个评鉴模式中，涉及的众多指标及其指标体系也可为教育指标提供参考。

（三）经济合作与发展组织教育指标体系

经济合作与发展组织（Organization for Economics Co-operation and Development，OECD）成立于 1960 年，OECD 教育指标开发活动最早开始于 1973 年，由于政治支持不够和指标设计本身的不合理，这次努力最终归于失败。时隔近 15 年之后，恢复后的 OECD 教育指标工作主要围绕教育系统指标项目（INES）展开。

OECD 教育指标体系是以人力资本理论作为理论基础，将市场经济中的供需模型运用于教育中，又以教育评估中 CIPP 模式中的背景、输入、过程与输出为框架，建立起了一个包括教育背景、成本、资源，学校过程，教育结果的系统，并用一系列指标动态地显示出来，进行从微观到宏观、从简单到复杂的投入产出式分析。其优点是建立在严密的理论基础上，有一定的理论分析价值，而且具有很强的描述功能，许多指标容易做到国际一致性和可比性，通用性强，得到许多国家的认可。

OECD 教育指标已相当规范，指标体系框架也比较成熟，其特点主要有：一是针对人们普遍关注的问题和对现行政策有争议的问题进行调查和统计，为制定政策服务；二是从社会、经济大系统出发描述和评价教育，关注教育与社会经济的关系，投入教育的财力和人力资源以及教育的效率，它是目前国际上对教育从投入到产出进行描述和评价最为系统和深入的指标体系；三是十分重视对教育过程的监测和评价，主要着眼点放在评价教育质量、学生成绩、教学组织等方面，为教育管理机构、学校和教师改进教学提供了大量信息。[①]

（四）世界银行教育指标体系

世界银行《世界发展报告》是以一国的经济与社会发展为依据形成的综合性指标体系，其指标的挑选是由内部工作人员紧密磋商而形成的，并得到许多外部伙伴，如其他国际性组织、统计机构、国家政府部门给予的数据支持。

《世界发展报告》教育指标是由教育投入、受教育机会、教育效率、教育成果、性别与教育五部分组成，共有 16 项，即用于教育的公共支出占 GNP 的百分比、用于不同教育级别每个学生的支出、教师津贴的支出占经常性支出总额的百分比、小学生与教师比、义务教育年限、各级教育毛入学率、净入学率、读到五年级的人占同龄级人口百分比、中小学生复读率、失学儿童人数、成人文盲率、青年文盲率、预期受教育年限、中小学女教师占教师总人数的百分比、中小学女学生占学生总人数的百分比、中小学生中女童失学率。[②] 它的主要特点是直观性强，易为社会公众所理解和接受，服务对象明确，能为政府机构提供所需的基本信息，指标数据采集的渠道有较可靠的保证，但弱点是结构比较松散，缺乏严密的内在逻辑统一性。[③]

（五）联合国教科文组织教育指标体系

联合国教科文组织（UNESCO）出版的《世界教育报告》为我们提供了了解世界各国教育状况的数据和资料，其构成方法是先确定一个理论框架，然后根据理论框架去演绎与此有关的特定指标集，接着通过对大量已有的统计数据和资源的适当分析、筛选、整理和再加

---

① 徐玲：《国际教育指标体系的分析与思考》，《教育科学》2004 年第 2 期。
② 世界银行编《2000 年世界发展指标》，中国财政经济出版社译，中国财政经济出版社，2000。
③ 徐玲：《国际教育指标体系的分析与思考》，《教育科学》2004 年第 2 期。

工，汇集出与特定指标相关的信息。UNESCO 的教育指标体系如表2－1所示。

UNESCO 的指标体系具有明显的内在逻辑性，它结构严谨，直观易懂，且信息量丰富，资料易得，计算不太复杂，符合国际指标通用性与可行性原则。但是，由于其指标较少，无法全面地、完整地、系统地描述教育整个发展变化过程。

表 2－1　UNESCO 的教育指标体系

教育供给（资源）	经费	公共教育开支占 GNP 的百分比、公共教育开支占政府公共总开支的百分比、各级教育公共日常开支分配的百分比、生均公共日常经费开支
	人力资源指标	生师比、女教师所占的百分比
教育需求		成人文盲数、教育成就
入学和参与		毛入学率、净入学率、升学率、预期受教育年限、中等教育毛入学率、净入学率、分年龄的入学率
教育内部效率		留级生所占的百分比、留级率、各年级的保留率、效率系数（每年教育经费培养的学生数）、每位毕业生的年均投入
教育产出		教育成就、识字率

注：识字率是指 15 岁以上人口会读写的比率；教育成就指 25 岁以上人口受教育程度，它既是教育需求指标，又是教育产出的指标。

资料来源：http：//www. unesco. org。

（六）我国当前的教育指标体系

我国的教育统计和评价指标系统是国家对教育事业进行宏观监控的重要组成部分，它是 20 世纪 80 年代以来逐步完善的年度统计指标体系，共 4 类 77 项，这些指标主要侧重于教育现状的描述，对整个国民教育水平、结构及其支持条件的评价和监测，多为基础性、结构比例性指标。

具体来说，我国当前的四大类教育指标分别为综合教育程度、国民接受学校教育的状况、学校办学条件和教育科学研究。当前我国教育统计指标多数为描述性指标，因而存在指标之间的内在逻辑性不强，没有统一的理论框架，与其他国家的可比性不强等不足。

通过比较上述各类教育指标体系，可以发现教育指标一般是按一定的理论框架来构建的，指标之间具有关联性。在教育指标中，有许多指标都与人口数关联，人口数既可以作为教育指标的背景因素，也可以用来测度教育成就，在教育与人口关联的指标中，人口受教育程度最为集中，它既测度了教育的成就，也反映了教育因素对人口质量提升的贡献。

二　几种常用教育与人口指标的说明

在测度教育与人口的指标中，由于人口指标的复杂性（包括数量、年龄、性别、民族等多个维度），在测度教育因素对人口质量提升贡献时，往往因人口指标的不同而异。下面对几种常用的指标给予说明。

（一）人口受教育年限

人口受教育年限是指在一个人口中所接受的教育程度。具体的测度又分为几种不同的方式。国内比较通用的是人口平均受教育年限。国家教委 1991 年 4 月颁发的《中国教育监测与评价统计指标体系（试行）》规定，"15 岁及以上人口平均受教育年限 = 15 岁及以上人口所受普通教育的年限总和 ÷ 15 岁及以上人口总数"，并说明，"普通教育包括普通小学、初中、高中（初中、高中包括职业初中和高中）、中专、技工学校、大学专科、本科、硕士和博士，不包括接受成人教育的年限，年限按学制年限计算。所受普通教育的年限总和等于各级毕业生人数乘以其相应年制后的总和。这一指标反映了过去几十年间教育的综合成果，是国民接受教育的平均水平"。事实上，这一指标属于一种历史型指标。

但是，在计算这一指标时，存在许多困难。首先，不同层次的教育年限应当有统一的界定口径；其次，需要全国人口普查的数据。目前，我国小学阶段分为五年和六年两种，初中和中专绝大多数是三年的，也有四年的，大学专科有两年和三年之分，本科个别有五年的，研究生学制更是差异很大，在我国基本学制没有理顺前，难以统一界定不同层次的受教育年限。1949 年以来，我国已经进行了五次人口普查，自"二普"起均有分年龄组分文化程度的数据，但是，在人口普查数据中，不仅根本无法区分五年制小学还是六年制小学毕业等情况，而且接受普通教育和成人教育的人口也没有区分，连取得党校文凭的也包括在内。因此，按国家教委的指标定义和现有数据情况，是无法精确计算出人口平均受教育年限的。国内不同单位在计算这一指标时，均进行了一些调整，所以计算结果有所差异。例如，同样根据 1990 年全国第四次人口普查数据估算人口平均受教育年限，国家教委计划建设司和教育管理信息中心公布的数据为 5.4 年；国务院发展研究中心发展预测研究部的估算为 5.6 年；上海教科院智力所的估算为 5.5 年；如按 1995 年国家统计局社会发展水平测算公式估算，则为 6.26 年。[①] 根据我国人口普查及学制的情况，本书采用如下公式：$EN =$ ［不识字（文盲半文盲）× 0.25 + 小学 ×6 + 初中 ×9 + 高中/中专 ×12 + 大学 ×16 + 研究生 ×19］/（15 岁及以上人口总数），式中，EN 指人口平均受教育年限。

国际上反映人口受教育水平的历史型指标一般采用百分比形式。联合国教科文组织（UNESCO）和经济合作与发展组织（OECD）曾经定义受教育程度（Educational Attainment）为 25 岁（或 15 岁）及以上完成（或正在学习）初等教育、中等教育和高等教育的人数分别占同一年龄组人口数的百分比，这是若干项指标的并列，说明了人口接受各个层次教育的不同比例，世界银行也采用了这一指标。此外，与国内人口平均受教育年限指标类似，世界银行也提供了一个相应的指标数据，即"Average Years of School"。

（二）人口预期受教育年限

人口预期受教育年限是一个预测型指标，其指标属于人口统计学

---

① 张力：《关于人口的平均受教育年限》，《科学决策》1999 年第 3 期。

的范畴，在教育学界曾存在一定的误解。[①] 人口预期受教育年限与人口学中的预期寿命是类似的概念，是根据人口普查的数据，以时期数据作为假定队列，不同年级的人口按当年的入学率情况，顺利完成这个队列后可能获得的教育年限。例如，联合国教科文组织通常采用预期教育年限（School Life Expectancy）或预期正规教育年限（Expected Number of Years of Formal Schooling）的指标，定义是某一儿童预计将来可以接受教育的总年数。事实上，通过编制教育生命表，不同年龄的人口的预期教育年限均可求得。[②]

预期受教育年限数有两种算法，一种是计算分年龄的在校率之和，另一种是编制在校寿命表。前者可称"总和在校率"（类似于总和生育率）[③]，后者可称"平均预望在校寿命"（类似于平均预期寿命）。1990年中国人口普查资料计算结果显示，二者在数值上基本相等。用其中任一指标，都可以综合反映预期受教育情况。

第二节　教育因素与人口转变的关系

在人口转变的归因上，多数研究侧重于生产力发展水平、现代化程度以及特定的生育政策等方面，而对人口转变中的教育因素考察不多。已有很多文献研究表明，人口受教育程度（特别是妇女的受教育程度）与人口生育率之间呈反比关系。[④] 而且，从整体来看，在人口转变的过程中，人口受教育程度也在普遍提高。

---

① 邱国华、朱佳生：《关于人口平均受教育年限与平均预期受教育年限的思考》，《辽宁教育研究》2005 年第 3 期。

② 王金营：《利用人口普查数据编制教育生命表的技术处理 》，《中国人口科学》（增刊）2005 年第 S1 期。

③ 尹文耀：《21 世纪中国人口变动与教育现代化目标预测论证和规划建议》，载国务院人口普查办公室、国家统计局人口和社会科技统计司编《转型期的中国人口》，中国统计出版社，2005。

④ Waite and K. Moone, "The Impact of an Early First Birth on Young Women's Educational Attainment," *Social Forces* 56, 1978, pp. 845 - 865.

一　中国的教育发展与人口转变

尽管围绕我国人口转变有否完成的争论仍在继续，但人口已迈入"低低低"状态已是不争的事实。在我国人口转变过程中，我国人口的受教育程度一直在提高。就整体而言，我国人口由 1953 年的"高高高"状态向 21 世纪初的"低低低"状态的转变过程，也是我国人口受教育程度逐渐提升的过程。

（一）人口平均受教育年限的变动过程

如前所述，衡量教育发展程度的指标有很多，与人口相连的指标主要采用人口平均受教育年限。作为一种历史型的指标，它数字简单，能够简略、清楚地表现人口文化教育程度的现状和发展变化，综合反映了人口接受教育的程度。1953 年第一次人口普查时，没有进行人口文化教育程度的调查，自 1964 年第二次人口普查起，我国历次人口普查中都有对人口文化教育程度细致而精确的统计，我国主要年份人口平均受教育年限如表 2 - 2 和图 2 - 1 所示。

表 2 - 2　我国主要年份人口平均受教育年限

单位：年

年份	12 岁及以上	6 岁及以上（方法 A）	6 岁及以上（方法 B）	6 岁及以上（方法 C）
1953	0. 5 *	—	—	—
1964	2. 5	—	—	—
1982	5. 23	5. 20	4. 24	—
1990	—	6. 26	5. 17	4. 49
1995	—	6. 72	5. 58	5. 05
2000	—	7. 62	6. 46	6. 90
2001	—	7. 68	6. 53	—
2002	—	7. 73	—	—

注：* 1953 年的数据为估算数。

资料来源：表中第二列数据来源于刘岳、沈益民、奚国金《中国人口分析与区域特征》，海洋出版社，1991；表中第三列至第五列数据来源于中国教育统计网，http：//www.stats.edu.cn。

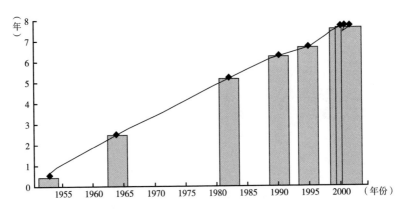

图 2 - 1　我国主要年份人口平均受教育年限变化

说明：1955 年、1964 年的数据采用 12 岁及以上人口的平均受教育年限，其他年份数据采用方法 A 的估算数。

在表 2 - 2 中，人口平均受教育年限存在多种算法，我国普遍采用的算法是计算 6 岁及以上人口的平均受教育年限。方法 A 是将学制年数视为受教育年数。受教育人口只要进入了某一教育等级，就以完成这一教育等级所需要的年数为已经接受教育的年数。这样确定的系数为：大专以上文化程度 16，高中文化程度 12，初中文化程度 9，小学文化程度 6，文盲 0。此方法对存在的学制差异忽略不计，如大专以上各级教育的差异，高中阶段各类教育学制的差异，以及通过各种类型的成人教育获得的学历等，也不考虑毕业和肄业等状况之间的差异，此方法被普遍采用。方法 B 以实际调查结果为系数，1998 年的人口变动抽样调查在受教育程度项中增加了受教育年限的内容。在要求被调查对象圈填受教育程度后，再填写受教育年数，但不包括非全脱产受教育的年数。在此基础上计算出的系数为：小学 4.23，初中 8.12，高中（中专）11.06，大专以上 14.34。此方法得出的结果比较接近实际。在没有数据的年份，需用固定年份的调查数据或推算的数据作为系数。方法 C 以学制为基础设定固定系数，将不同受教育程度的人口分为毕业、肄业和在校等几种情况，为受教育年限的计算设定一套系数。例如，曾经使用的系数如表 2 - 3 所示，此方法对实际受教育过程中出现的未完成学业的各种情况在计算系数时给予一定的主观扣除。

上述三种方法中，方法 A 计算的实际上是一种未来理想值，在一定程度上高估了实际值。但研究生教育的扩大和自学成才人数的增加将会减低一些高估的成分；方法 B 由于不包括非全脱产教育，可能会低估实际值。每年调整系数存在实际操作上的困难，而固定系数又不能反映我国教育的快速发展。方法 C 的计算结果应介于前两种方法之间，但系数值的扣除是主观给定的，且分类较细会使计算工作复杂化。[①]

表 2 - 3　方法 C 对教育年限的估算系数

	文盲	小学	初中	高中(中专)	大专	大本以上
毕业	0	6	9	12	15	16
肄业、在校等	0	3	7.5	10.5	13.5	14

资料来源：人口社科司社会处：《"人均受教育年限"计算方法探讨》，《统计制度改革研究》2003 年第 5 期。

从表 2 - 2、图 2 - 1 可知，1953 年以来我国人口平均受教育年限呈明显的上升趋势。在我国庞大的人口基数上，我国人口受教育程度大幅度提高，教育成就显著。到 2000 年，我国人口平均受教育年限达到 7.62 年（世界银行按总人口计算为 6.54 年，胡鞍钢按 15 岁以上人口计算为 6.35 年，中国统计摘要中按 15 岁以上计算为 7.11 年），若以中国统计摘要的计算口径，则比同期世界平均水平（按 15 岁以上人口计算）6.66 年要高 0.45 年，比发展中国家平均水平 5.13 年要高 1.98 年，比发达国家平均水平 9.76 年要低 2.65 年。

---

① 人口社科司社会处：《"人均受教育年限"计算方法探讨》，《统计制度改革研究》2003 年第 5 期。

（二）我国人口转变的阶段

在文献述评中，已对我国人口转变阶段划分的研究做了一个总结。不论阶段划分如何，我国人口从高位静止转向低位静止的过程是共同的。下面试以衡量人口转变的三个基本指标（出生率、死亡率和自然增长率）的变化为基础数据（见表2-4），分析我国人口转变的阶段（见图2-2和图2-3）。

表 2 - 4　1949～2005 年我国人口转变"三率"的变化数据

单位：‰

年份	粗出生率	粗死亡率	自然增长率	年份	粗出生率	粗死亡率	自然增长率
1949	36	20	16	1978	18.34	6.29	12.05
1950	37	18	19	1979	17.9	6.24	11.66
1951	37	17	20	1980	18.21	6.34	11.87
1952	37	17	20	1981	20.91	6.36	14.55
1953	37	14	23	1982	21.09	6.6	14.49
1954	37.97	13.18	24.79	1983	18.22	6.86	11.36
1955	32.6	12.28	20.32	1984	17.5	6.69	10.81
1956	31.9	11.4	20.5	1985	17.8	6.57	11.23
1957	34.03	10.8	23.23	1986	20.77	6.69	14.08
1958	29.22	11.98	17.24	1987	21.04	6.65	14.39
1959	24.78	14.59	10.19	1988	20.78	6.58	14.2
1960	20.86	25.43	-4.57	1989	20.83	6.5	14.33
1961	18.13	14.33	3.8	1990	21.06	6.67	14.39
1962	37.22	10.08	27.14	1991	19.68	6.7	12.98
1963	43.6	10.1	33.5	1992	18.24	6.64	11.6
1964	39.34	11.56	27.78	1993	18.09	6.64	11.45
1965	38.06	9.55	28.51	1994	17.70	6.49	11.21
1966	35.21	8.87	26.34	1995	17.12	6.57	10.55
1967	34.12	8.47	25.65	1996	16.98	6.56	10.42
1968	35.75	8.25	27.5	1997	16.57	6.51	10.06
1969	34.25	8.06	26.19	1998	15.64	6.50	9.14
1970	33.59	7.64	25.95	1999	14.64	6.46	8.18
1971	30.74	7.34	23.4	2000	14.03	6.45	7.58
1972	29.92	7.65	22.27	2001	13.38	6.43	6.95

续表

年份	粗出生率	粗死亡率	自然增长率	年份	粗出生率	粗死亡率	自然增长率
1973	28.07	7.08	20.99	2002	12.86	6.41	6.45
1974	24.95	7.38	17.57	2003	12.41	6.40	6.01
1975	23.13	7.36	15.77	2004	12.29	6.42	5.87
1976	20.01	7.29	12.72	2005	12.40	6.51	5.89
1977	19.03	6.91	12.12	—	—	—	—

资料来源：历年的中国统计年鉴。

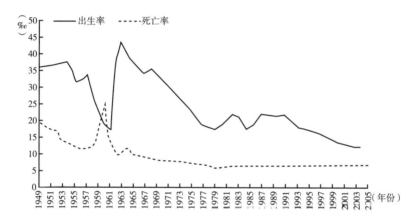

图2-2 1949~2005年我国出生率与死亡率的变化

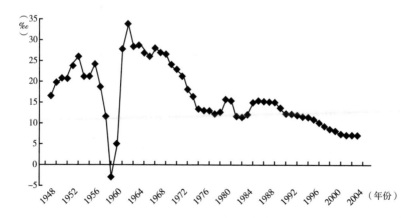

图2-3 1949~2005年我国自然增长率的变化

从上述表 2 - 4 和图 2 - 2、图 2 - 3 可知，1953 年以后，我国人口就步入了快速增长的轨道，此后较长一段时间死亡率开始快速下降，出生率保持较高水平，人口自然增长率在不断提高，我国人口步入第一个高峰期。1959~1960 年，我国人口死亡率大幅度提高，出生率下降，1960 年我国人口死亡率达到 25.43‰，并出现 1953 年以来我国人口唯一的一次负增长。1962~1972 年，我国人口进入持续高速增长时期，1962~1965 年，随着经济形势的好转，补偿性的生育来势很猛，年平均出生率高达 39.56‰，其中 1963 年高达 43.6‰，成为 1953 年以来的最高值；年平均死亡率则下降到 10.32‰，从而使平均自然增长率达 29.23‰，成为 1953 年以来的最高值。1962~1972 年，年平均出生率为 35.62‰，年平均死亡率为 8.8‰，年平均自然增长率达 26.75‰，平均每年净增 1988 万人，形成 1953 年以来人口增长的第二个高峰期。1973 年后，我国人口变动的趋势一直比较稳定，随着人口控制政策的实施，我国人口出生率持续下降，死亡率缓慢下降并保持在一个低位水平，人口自然增长率也持续下降，我国人口转变迈入"低 - 低 - 低"状态。以 2005 年为例，我国人口出生率为 12.4‰，死亡率为 6.51‰，自然增长率为 5.89‰。

我国人口转变过程具有特殊性，因此对其阶段划分与世界人口转变的一般过程有点差别，描述转变过程的阶段性，并分析其原因，已有许多学者进行了详细的研究，在此不再赘述。但是，从人口变动的基本过程来看，我国人口转变过程是符合人口转变理论的，这正是我们用人口转变理论来解释我国人口变动的原因所在。

（三）我国人口转变与教育因素的关系

从前面两小节的研究中可知，我国人口转变的过程，也正是我国人口受教育程度提高的过程，人口受教育程度提高与人口转变完成是同步进行的。若以人口平均受教育年限为我国教育因素的测度指标，比较图 2 - 1、图 2 - 2 与图 2 - 3 可以直观表达我国人口转变与教育因素的基本关系，即在我国 1953 年左右的人口快速增长转向当前人口"低低低"状态的过程中，我国教育发展成就显著，人口受教育程度呈直线式的上升趋势，我国人口转变的完成过程也是人口受教育程度大幅度提高的过程，可以这么说，我国人口数量的转变与人口质量的提升是同步进行的。

人口平均受教育年限指标连续性数据难以获得，但从图2-1可知，我国人口平均受教育年限呈直线增长的趋势，以现有数据进行直线拟合，可以粗略模拟出各个年份的人口平均受教育年限。然后，根据1949~2005年人口平均受教育年限与人口转变"三率"的数据进行相关分析，其结果如表2-5所示。

表2-5 我国人口平均受教育年限与"三率"的相关分析

	出生率	死亡率	自然增长率
人口平均受教育年限	-0.858**	-0.755**	-0.601**

注：** 表示在0.01水平上显著。

由表2-5可知，我国人口转变与人口平均受教育年限之间高度相关，在0.01水平上显著，人口平均受教育年限与出生率、死亡率和自然增长率均呈负相关，它说明随着人口平均受教育年限的提高，人口出生率、死亡率和自然增长率均呈下降趋势。

二 国际比较：人口转变与教育因素的一般关系

我国人口数量转变与人口质量提升的同步性在世界各国是否具有一般性？人口转变与教育因素有无一般规律？本小节将对世界各国人口转变中的教育因素进行考察。也就是说，在世界各国人口转变的开始、进程与完成阶段，人口受教育程度一般会处于一个什么样的水平。

联合国教科文组织在1999年3月的一份关于教育与人口动力学（Education and Population Dynamics：Mobilizing Minds for a Sustainable Future）的研究报告中[1]，专章就世界人口转变中的教育因素作了分析，

---

[1] UNESCO, "Education and Population Dynamics：Mobilizing Minds for a Sustainable Future," EPD-99/WS/1, March, 1999.

下面试对其中重要的几段翻译如下。

　　虽然人口对教育系统的影响是直接的、明显的，但相反的，教育对人口的影响是微妙的、复杂的、长时效的。通常的，教育因素不是独立的，而是通过或结合其他变量影响与人口相关的问题。但是，无论是历史经验，还是实证结果都表明教育对人口转变的进程与步伐有强影响力。本部分考察教育对加速度人口转变的作用，对死亡率和出生率的影响，以及探讨教育对与人口相关问题的影响，如在许多亚洲国家备受关注的"迷失女孩"（missing girls）现象。

　　18、19 世纪的西欧国家，人口死亡率大幅度下降，而在许多发展中国家，这一现象在 20 世纪发生。持续的高出生率与低死亡率使得这一阶段的人口大量增长。从理论上来说，许多因素被认为对确保人口出生率下降有作用——这可使人口达到稳定。这些因素包括工业化、城市化、世俗化、提高收入、增加教育、工资和就业机会、新的生活方式以及在近几十年大力提倡的避孕措施等。

　　教育在加速度人口转变中起到什么作用？提高人口教育水平，特别是妇女的教育水平，已证实对降低出生率有明显作用，教育是减缓人口增长的基本步骤，但是否意味着教育能决定生育率的下降？这个问题很难明确回答，因为人口教育水平的提高不是孤立的，它常常是生活方式改变中的一部分。例如，受过较高教育的妇女，就会有更高的社会地位与收入，倾向于晚婚、上班工作、居住在城市，并同时具有更多减少生育的心理因素——如现代性、积极的自我意识、自制力、预见性，或者可能更有理性。但显然不能很明确地分清这些因素各自的影响程度，但它们确实综合地降低了人口的生育率，促进人口转变的完成。妇女教育程度与生育率的关系十分显著，随着教育水平的提高，生育率普遍下降。教育如何作用于人口？人们争论不一，教育被认为是"心智的燃料"（fuel of the mind）。教育不仅提供知识，同时也改变人们的态度，重审价值观，甚至改变文化传统。正因如此,几乎无论在哪里,与低教育程度的妇女相比,受过更高教育水平的妇女都倾向于生育更少的孩子。

如前所述,人口转变是一个过程,在人口转变的各个阶段,对应的教育发展水平是不同的,而且各个国家也有悬殊。分析已经完成国家的教育与人口转变的关系,以此作为中国人口转变过程中教育发展水平的比较对象。在人口转变的过程中,国内较多学者通过比较研究表明,发达国家的人口转变过程具有时间长、内生性、自然过渡、人口老龄化缓和平稳等基本特点。与此对应,发达国家完成人口转变的过程,也是人口受教育程度不断提升的过程,已完成人口转变的国家关于人口转变与教育因素的一般关系,可以作为考察我国人口转变的教育参考标准。

(一)世界主要国家人口转变与教育因素的一般关系

教育因素在世界各国人口转变中的作用,可借用人口统计学中的时期分析思路,以世界各国相关指标的时期数据为基础,假定这些指标为某一队列的数据(即编制人口生命表的基本思路),通过横向维度的实证分析,探讨教育因素在世界人口转变中的功用。本书对世界银行和国际统计年鉴的数据综合整理,以2002年度为分析年度,教育类指标分别采用文盲人口占总人口的比例(%),按受过1~6年教育的人口占总人口的比例(%),按受过7~12年教育的人口占总人口的比例(%),按受过13年及以上教育的人口占总人口的比例(%),人口平均受教育年限(分母为总人口数)(年);人口转变类的指标分别采用出生率(‰)、死亡率(‰)、自然增长率(‰)、总和生育率、出生预期寿命(岁)。按可获得的原则,2002年世界主要各国上述指标如表2-6和表2-7所示。根据表2-6和表2-7的数据,采用相关分析法,可得知教育类指标与人口转变类指标之间的相互关系。用SPSS软件分析后的结果如表2-8所示。

表 2 - 6　2002 年世界主要国家人口转变类指标

单位：‰，岁

国　家	出生率	死亡率	自然增长率	总和生育率	出生预期寿命
中　国	12.9	6.4	6.5	1.9	71.4①
孟加拉国	28.2	8.2	20.0	3.0	62.1
印　度	24.0	8.5	15.5	2.9	63.4
印度尼西亚	20.2	7.3	12.9	2.3	66.7
以色列	20.2	6.0	14.2	2.7	78.7
日　本	9.3	8.1	1.2	1.3	81.6
哈萨克斯坦	14.6	11.8	2.8	1.8	61.7
蒙　古	22.7	6.1	16.6	2.4	65.5
缅　甸	23.2	11.5	11.7	2.8	57.2
巴基斯坦	32.5	7.7	24.8	4.5	63.8
菲律宾	25.6	5.6	20.0	3.2	69.8
斯里兰卡	18.0	5.7	12.3	2.1	73.8
泰　国	15.1	7.8	7.3	1.8	69.2
土耳其	21.6	6.6	15.0	2.2	69.9
越　南	18.5	6.2	12.3	1.9	69.7
埃　及	24.2	6.1	18.1	3.0	68.9
尼日利亚	39.1	17.4	21.7	5.1	45.3
南　非	25.0	19.6	5.4	2.8	46.5
加拿大	10.7	7.1	3.6	1.5	79.2
墨西哥	19.9	4.2	15.7	2.4	73.6
美　国	13.9	8.5	5.4	2.1	77.3
阿根廷	18.7	7.6	11.1	2.4	74.3
巴　西	19.1	7.1	12.0	2.1	68.6
委内瑞拉	23.2	4.6	18.6	2.7	73.7
白俄罗斯	9.4	14.3	-4.9	1.3	68.2
保加利亚	8.8	14.4	-5.6	1.3	71.8
捷　克	9.1	11.1	-2.0	1.2	75.0
法　国	12.5	9.6	2.9	1.9	79.2

续表

国　家	出生率	死亡率	自然增长率	总和生育率	出生预期寿命
德　　国	8.7	10.4	-1.7	1.4	78.1
意 大 利	8.8	10.9	-2.1	1.3	78.4
荷　　兰	12.2	8.9	3.3	1.7	78.3
波　　兰	9.3	9.4	-0.1	1.3	73.8
罗 马 尼 亚	10.4	13.0	-2.6	1.3	70.0
俄罗斯联邦	9.8	15.4	-5.6	1.3	65.8
西 班 牙	10.1	9.4	0.7	1.3	78.3
英　　国	10.8	10.4	0.4	1.7	77.5
澳 大 利 亚	12.7	6.8	5.9	1.8	79.2

注：①2000 年数据。

资料来源：国际统计年鉴 2004，世界银行 2006 年报告。

表 2 - 7　2002 年世界主要国家教育类指标

单位：%，年

国　家	文盲	1～6 年	7～12 年	13 年以上	平均受教育年限
中国[①]	0.07	0.33	0.55	0.05	6.54
孟加拉国[①]	0.46	0.26	0.24	0.04	3.92
印度[①]	0.41	0.2	0.31	0.08	5.03
印度尼西亚	0.09	0.5	0.34	0.07	7.38
以色列[②]	0.02	0.03	0.51	0.44	12.63
日本[①]	0	0.11	0.53	0.36	11.74
哈萨克斯坦[③]	0.01	0.03	0.79	0.17	10.69
蒙古[①]	0.02	0.08	0.63	0.27	10.05
缅甸[①]	0.26	0.47	0.27	0	4.32
巴基斯坦[②]	0.59	0.15	0.21	0.05	3.51
菲律宾[④]	0.03	0.32	0.46	0.19	8.77
斯里兰卡	0	0.25	0.57	0.18	9.22
泰国[①]	0.05	0.47	0.34	0.15	6.89
土耳其[④]	0.17	0.5	0.23	0.09	6.14
越南[①]	0.06	0.34	0.57	0.02	6.96

续表

国　　家	文盲	1~6 年	7~12 年	13 年以上	平均受教育年限
埃及①	0.35	0.19	0.28	0.17	6.6
尼日利亚③	0.39	0.23	0.28	0.11	5.77
南非④	0.74	0.14	0.09	0.03	1.95
加拿大①	0	0.01	0.34	0.65	14.27
墨西哥③	0.08	0.41	0.37	0.14	7.78
美国①	0.01	0.02	0.61	0.36	11.44
阿根廷②	0.01	0.08	0.65	0.26	10.33
巴西②	0.2	0.21	0.23	0.36	8.38
委内瑞拉①	0.08	0.34	0.42	0.17	8.29
白俄罗斯	0.02	0.28	0.27	0.44	11.27
保加利亚⑤	0.06	0.22	0.24	0.48	10.85
捷克⑥	0	0.16	0.74	0.1	9.14
法国⑦	0.2	0.12	0.48	0.2	8.26
德国①	0.02	0.36	0.39	0.23	10.07
意大利①	0.03	0.19	0.68	0.1	9.05
荷兰③	0	0.01	0.71	0.28	12.36
波兰③	0	0.21	0.67	0.11	9.27
罗马尼亚	0.01	0.14	0.7	0.15	9.73
俄罗斯联邦①	0	0.01	0.4	0.59	13.7
西班牙⑧	0.13	0.22	0.43	0.22	9.12
英国③	0	0	0.68	0.31	12.16
澳大利亚⑦	0	0	0.58	0.42	12.5

注：①2000 年数据；②2001 年数据；③1999 年数据；④1998 年数据；⑤2003 年数据；⑥1996 年数据；⑦1994 年数据；⑧1990 年数据。

资料来源：国际统计年鉴 2004，世界银行 2006 年报告。

表 2-8　教育因素与人口转变各种指标之间的相关系数

		教育类指标				
		文盲率	1~6 年	7~12 年	13 年及以上	平均年限
人口类指标	出生率	0.700**	0.256	-0.496**	-0.463**	-0.678**
	死亡率	0.298	-0.196	-0.180	0.055	-0.078
	自然增长率	0.490**	0.306	-0.360*	-0.429**	-0.562**
	总和生育率	0.682**	0.150	-0.451**	-0.394*	-0.603**
	预期寿命	-0.703**	-0.233	0.505**	0.434**	0.668**

注：** 表示在 0.01 水平上显著；* 表示在 0.05 水平上显著。

从表 2 - 8 可知，教育因素与人口转变各类指标之间具有如下相互关系：文盲率与人口出生率、自然增长率与总和生育率呈正相关关系，它表明文盲率越高，人口出生率越高，自然增长率越高，而总和生育率也越高，其相关程度在 0.01 水平上都十分显著，文盲率与人口出生预期寿命有着显著的负相关关系，它表明人口文盲率越高，则其出生预期寿命就越低；接受过 1 ~ 6 年教育的人口比例与人口转变之间的相关关系不显著；按受过 7 ~ 12 年教育的人口比例与出生率、自然增长率、总和生育率呈负相关关系，这表明接受过 7 ~ 12 年教育的人口比例越高，则人口的出生率越低，自然增长率越低，人口的总和生育率越低，接受过 7 ~ 12 年教育的人口比例与人口的预期寿命呈正相关；接受过 13 年及以上教育的人口比例与人口转变类的指标关系和接受过 7 ~ 12 年教育的人口比例的关系相同；人口平均受教育年限与出生率、自然增长率、总和生育率呈显著负相关关系，与人口出生预期寿命呈正相关关系。

综上所述，可以得出以下几个结论：第一，从总体来看，人口接受的教育程度越高，其出生率、自然增长率与总和生育率越低，出生的预期寿命越高，人口受教育程度的提高，有利于促进人口转变的完成；第二，教育类因素与人口死亡率的关系不太明显，这可能与在人口转变的过程中，人口死亡率在长时段内保持稳定水平有关，而且，人口死亡率的影响因素更多的与卫生状况和医疗技术有关；第三，若把世界人口转变的横向维度看成假定的队列，世界人口数量转变的完成过程也是世界人口质量提升的过程，人口转变过程与人口受教育程度提高的过程是同步进行的。

在上述关系的基础上，采用人口平均受教育年限作为衡量教育因素的综合性指标，与人口转变的三个代表性指标（即人口出生预期寿命、人口总和生育率和人口自然增长率）进行建模，分析教育因素与人口转变的模型关系。

（二）人口平均受教育年限与人口出生预期寿命的模型

相关分析表明，人口平均受教育年限与人口出生预期寿命成正相关关系，以人口平均受教育年限为自变量，以人口出生预期寿命为因变量，两者的关系如图2-4所示。

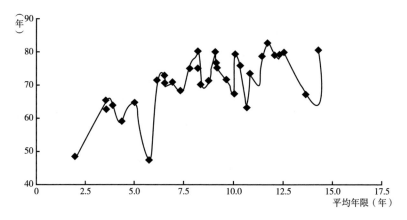

图2-4 人口平均受教育年限与人口出生预期寿命的关系

图2-4表明，人口平均受教育年限与人口出生预期寿命之间并非完全的线性关系，经SPSS的曲线拟合，两者的关系与Cubic曲线最为相近，拟合程度最高（见图2-5）。另外，从研究对象本身来看，人口平均受教育年限的提升对人口预期寿命的提高也是有限度的，这也与Cubic曲线的性质相近。下面试用SPSS软件的曲线拟合模块求算这个模型。

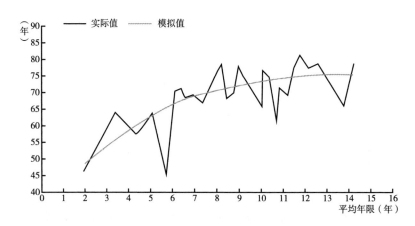

图2-5 人口平均受教育年限与人口出生预期寿命关系的曲线拟合

设人口平均受教育年限为 t，设人口出生预期寿命为 Y，则两者的关系为：

$$Y = \beta_0 + \beta_1 t + \beta_2 t^2 + \beta_3 t^3$$

经调用程序运算，得出模型的参数估计值分别如下：$\beta_0 = 35.9813$，$\beta_1 = 7.3556$，$\beta_2 = -0.438$，$\beta_3 = 0.0081$，$R^2 = 0.532$。由此，人口平均受教育年限与人口出生预期寿命的模型如下：

$$Y = 35.9813 + 7.3556t - 0.438t^2 + 0.0081t^3$$

（三）人口平均受教育年限与人口总和生育率的模型

相关分析表明，人口平均受教育年限与人口总和生育率成负相关关系，以人口平均受教育年限为自变量，以人口总和生育率为因变量，两者的关系如图 2-6 所示。

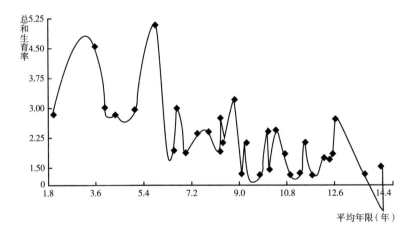

图 2-6 人口平均受教育年限与人口总和生育率的关系

图 2-6 表明，人口平均受教育年限与人口总和生育率之间并非完全的线性关系，经 SPSS 的曲线拟合，两者的关系与 Cubic 曲线最为相近，拟合程度最高（见图 2-7）。另外，从研究对象本身来看，人口平均年限的提升对总和生育率的降低也是有限度的，这也与 Cubic 曲线的

性质相近。与前一个模型求算过程相似，经 SPSS 软件的曲线拟合模块可求算这个模型，其中，$R^2 = 0.418$。

$$Y = 3.0321 + 0.3325t - 0.0868t^2 + 0.0041t^3$$

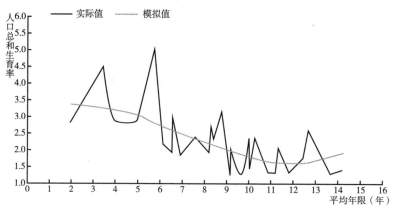

图 2-7　人口平均受教育年限与人口总和生育率关系的曲线拟合

（四）人口平均受教育年限与人口自然增长率的模型

根据同样原理，可求算人口平均受教育年限与人口自然增长率的模型。以人口平均受教育年限为自变量，以人口自然增长率为因变量，两者的关系如图 2-8 所示。

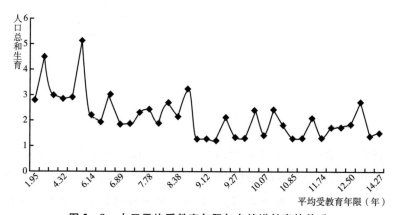

图 2-8　人口平均受教育年限与自然增长率的关系

图 2 - 8 表明，人口平均受教育年限与人口自然增长率之间并非完全的线性关系，经 SPSS 的曲线拟合，两者的关系与 Cubic 曲线最为相近，拟合程度最高（见图 2 - 9）。另外，从研究对象本身来看，人口平均受教育年限的提升对人口自然增长率的降低也是有限度的，这也与 Cubic 曲线的性质相近。经 SPSS 软件的曲线拟合模块可求算这个模型，其中，$R^2 = 0.403$。

$$Y = -6.9402 + 11.9408t - 1.7936t^2 + 0.0712t^3$$

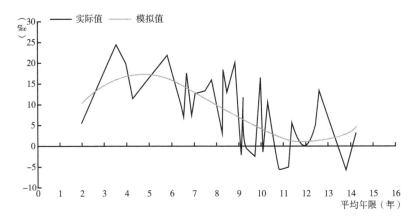

图 2 - 9　人口平均受教育年限与人口自然增长率关系的曲线拟合

（五）教育因素与人口转变的综合模型

上述分别对人口平均受教育年限与人口转变的自然增长率、人口出生预期寿命和总和生育率指标进行建模。据前述研究可知，人口平均受教育年限是反映教育因素的综合性指标，而人口转变的测度指标较多，没有一个综合性的指标来测算，人口自然增长率、人口出生预期寿命与总和生育率均是被用来测度人口转变的重要指标之一。为此，要建构教育因素与人口转变的综合模型，存在两种思路，一是构建多元方程，二是构建人口转变的综合指标，以此来构建一元方程。根据本书前面的研究结果，并且遵守模型简单易懂的原则，下面采用构建人口综合指标的方法。

建模的基本步骤如下。第一步，要建构一个关于人口转变的综合性指标，人口转变的综合性指标，已有测算人口转变指数的研究。[1] 在本书研究中，需要的是利用综合指标来建模，故可采用主成分方法提取多个指标的共同因素，利用其第一主成分得分作为综合指标。由于教育因素与人口自然增长率、总和生育率成负相关，而与出生预期寿命成正相关，为了便于进行因子分析，可对人口预期寿命数据进行倒数变换，这样它就与教育因素成负相关关系。第二步，确立人口转变完成的标准，然后利用此标准对人口转变的三类指标数据进行变换。第三步，利用转换后的数据进行主成分分析，以第一主成分得分作为人口转变的综合性指标。第四步，利用 SPSS 进行曲线拟合，建立教育因素与人口转变的综合模型。第五步，确立人口转变完成的教育标准。

在上述各个步骤之中，限于篇幅，具体的计算过程省略。其中对人口转变完成的标准，根据国内外的研究成果，本书确立的标准如表 2 - 9 所示。

表 2 - 9　人口转变完成的参考标准

指标	下限	上限
人口自然增长率	10‰[1]	5‰[2]
总和生育率	2.5[3]	1.9[4]
出生预期寿命	65 岁[5]	69.5 岁[2]

注：①参见李建民《中国的人口转变完成了吗?》，《南方人口》2000 年第 2 期；②参见叶明德《对"中国进入后人口转变时期"的质疑》，《中国人口科学》2001 年第 1 期；③参见 1990 年联合国《世界人口监测》关于低生育率的标准；④参见 1991 年联合国研究报告；⑤"中国未来人口发展与生育政策研究"课题组关于人口转变完成的标准之一。

第三步，利用人口转变完成的参考标准来转换数据，分别利用上限值与下限值作为参照点，设参照值为 p，人口转变指标为 h，则数据转

---

[1] 〔日〕黑田寿男，王国荣：《东亚人口转变与发展战略》，《国际政治研究》1995 年第 2 期。

换公式为 $h\text{-}p$，经转换，当人口转变指标值为 0 时，表示人口转变已完成。按前述步骤，经主成分分析后，建立教育因素与人口转变的标准模型 Y（见图 2 – 10），其中，$R^2 = 0.522$。

$$Y = 1.3355 + 0.3135t - 0.0942t^2 + 0.0045t^3$$

由上述模型可知，当人口转变完成时，即 $t = 0$ 时，Y 为 1.3355，经转换为实际的人口平均受教育年限值为 8.3663 年。也就是说，按教育因素与人口转变的一般规律，当人口转变完成时，人口的平均受教育年限是 8.3663 年。

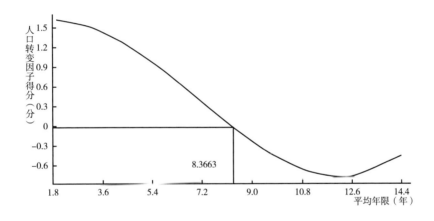

图 2 – 10　人口转变因子得分与教育因素的曲线拟合

（六）人口转变完成时的教育判断标准

上述的模型分析对测度教育因素在人口转变中的贡献是很有用的，在人口转变完成时，人口平均受教育年限应处于一个什么样的水平，即人口转变完成时的教育判断标准，是可以根据上述模型测算的。

根据表 2 – 9 的判断标准，分别根据人口平均受教育年限与人口转变各自指标的 Cubic 曲线模型，可求得人口转变完成时的教育判断标准，如表 2 – 10 所示，其中，综合模型的标准值已在综合模型中求得，即在人口转变完成时，人口的平均受教育年限是 8.3663 年。

表 2 – 10　人口转变完成的教育判断标准

单位：年

模型的因变量	下限	上限
人口自然增长率	8.0809	9.7393
总和生育率	7.0454	9.3689
出生预期寿命	5.6439	7.3057
平均值	6.9234	8.8046

由表 2 – 10 可知，在人口转变完成时，人口平均受教育年限所在的水平如下：根据人口平均受教育年限与人口自然增长率的模型测算，当人口转变完成时，人口平均受教育年限在 [8.0809，9.7393] 区间之内；根据人口平均受教育年限与人口总和生育率的模型测算，当人口转变完成时，人口平均受教育年限在 [7.0454，9.3689] 区间之内；根据人口平均受教育年限与人口出生预期寿命的模型测算，当人口转变完成时，人口平均受教育年限在 [5.6439，7.3057] 区间之内；取上述三个模型的平均值，当人口转变完成时，人口平均受教育年限在 [6.9234，8.8046] 区间之内；而综合模型的分析结果表明，当人口转变完成时，人口的平均受教育年限是 8.3663 年。综合上述结论可知，当人口转变完成时，人口的平均受教育年限大致为 7 ~ 10 年。

第三节　中国人口转变中的教育因素测度

本节考察我国人口转变过程中的教育因素测度，分析教育因素在我国人口转变中的作用。着重研究在我国人口转变过程中，我国教育发展水平与人口转变是否一致，若不一致，差距有多少。本节从实证角度对我国教育因素在人口转变中的地位与作用进行评估，并对我国的特殊人口转变给予教育学视界的解释。

一 中国人口平均受教育年限的估算

由于我国人口平均受教育年限普遍采用 6 岁及以上人口为分母，为与人口转变与教育因素的一般模型对应，需要对我国人口平均受教育年限的数据进行调整；然后，利用调整后的人口平均受教育年限数据，参考人口转变与教育因素的一般模型来评估教育变量的贡献程度。

前节已对我国"二普"起的普查年份 6 岁及以上人口平均受教育年限进行了估算，根据世界银行的统计口径，其计算人口平均受教育年限的分母是总人口，为此，根据我国人口普查的分年龄人口数据，可对应估算出我国以总人口为分母的人口平均受教育年限（见表2－11）。

表 2 - 11 我国主要年份人口平均受教育年限

单位：年

年份	6 岁及以上(方法 A)	总人口世界银行口径
1953	0.5[①]	0.3466
1964	2.5[①]	1.7328
1982	5.20	4.50
1990	6.26	5.50
1995	6.72	6.08
2000	7.62	7.09
2001	7.68	7.15
2002	7.73	7.20
2005	—	7.46
2008	8.5[②]	—

注：①统计口径是 12 岁及以上人口的平均受教育年限；②统计口径是 15 岁及以上人口的平均受教育年限。

资料来源：6 岁及以上口径来源于表 2 - 3，世界银行口径根据相应年份人口年龄结构数据推算，教育部网站。

二 中国人口转变中的人口平均受教育年限测算

根据表 2 - 11 调整后的人口平均受教育年限数据，代入人口转变与教育因素的一般模型（不能直接代入计算，而是把数值代入，利用曲线模拟重新计算），就可以求得相应人口转变指标下的人口平均受教育年限的理想值。

（一）我国总和生育率条件下的人口平均受教育年限变化

根据人口平均受教育年限与人口总和生育率的一般模型，就可以测算在某一年份，在特定总和生育率下，我国人口平均受教育年限的实际值与理想值。1953 年以来我国主要年份人口平均受教育年限与总和生育率的关系如表 2 - 12 和图 2 - 11 所示。

表 2 - 12　我国人口平均受教育年限与总和生育率的关系

单位：年

年份	总和生育率	实际平均受教育年限	理想平均受教育年限	实际值 - 理想值
1953	6.05	0.3466	1.6826	- 1.3360
1964	6.18	1.7328	1.5089	0.2239
1982	2.87	4.50	6.8686	- 2.3686
1990	2.17	5.50	8.2307	- 2.7307
1995	1.43	6.08	9.7474	- 3.6674
2000	1.22	7.09	10.1916	- 3.1016
2001	1.386	7.15	9.8400	- 2.6900
2002	1.389	7.20	9.8337	- 2.6337
2005	1.34	7.46	9.8438	- 2.3838
2008	1.453	8.5	9.6471	- 1.1471

资料来源：总和生育率来源于国家统计局历年的统计年鉴，实际平均受教育年限源自表 2 - 11，理想值根据模型估算。

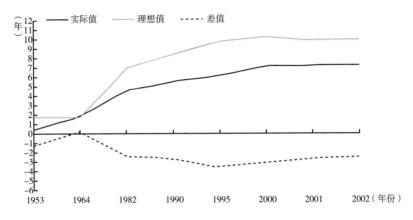

图 2 - 11　我国总和生育率条件下的人口平均受教育年限变化

据表 2 - 12 和图 2 - 11 可知，根据我国总和生育率的水平，我国人口平均受教育年限偏低，除了 1964 年外，其他年份理想的平均受教育年限均高于实际值，例如，1995 年，与世界一般模型比较，在总和生育率 1.43 水平下，人口平均受教育年限要达到 9.7474 年，而我国实际水平只有 6.08 年，两者相差 3.6674 年。上述情况表明，在我国人口总和生育率大幅度下降的过程中，人口的受教育水平并没有保持同样的速度（当然，在我国庞大的人口基数上，人口平均受教育年限在短时期内也很难大幅度提高），在我国人口转变的过程中，数量转变的速度大大快于质量的提升速度。

（二）我国人口出生预期寿命条件下的人口平均受教育年限变化

根据人口平均受教育年限与出生预期寿命的一般模型，就可以测算在某一年份，在特定预期寿命下，我国人口平均受教育年限的实际值与理想值。1953 年以来我国主要年份人口平均受教育年限与预期寿命的关系如表 2 - 13 和图 2 - 12 所示。

据表 2 - 13 和图 2 - 12 可知，根据我国出生预期寿命的水平，我国人口平均受教育年限偏低，理想的平均受教育年限均高于实际值。但从

表 2 - 13　我国人口平均受教育年限与出生预期寿命的关系

单位：年

年份	预期寿命	实际平均受教育年限	理想平均受教育年限	实际值 - 理想值
1953	52. 43	0. 3466	4. 8285	- 4. 4819
1964	61. 35	1. 7328	6. 4492	- 4. 7164
1982	67. 88	4. 50	7. 9351	- 3. 4351
1990	68. 55	5. 50	8. 1032	- 2. 6032
1995	69. 98	6. 08	8. 4719	- 2. 3919
2000	71. 4	7. 09	8. 8520	- 1. 7620
2001	71. 69	7. 15	8. 9314	- 1. 7814
2002	71. 98	7. 20	9. 0113	- 1. 8113
2005	72. 15	7. 46	9. 0532	- 1. 5932
2008	73	8. 5	9. 1364	- 0. 6364

　　资料来源：出生预期寿命来源于国家统计局历年的统计年鉴，部分年份根据预期寿命变动规律估算，实际平均受教育年限源自表 2 - 11，理想值根据模型估算。

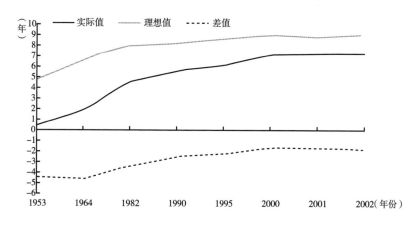

图 2 - 12　我国出生预期寿命条件下的人口平均受教育年限变化

　　总体来看，我国实际值越来越接近理想值，两者的差距在不断缩小。上述情况表明，在我国人口出生预期寿命大幅度提升的过程中，人口的受教育水平也在不断得到提高，但人口受教育水平的速度没有赶上人口出生预期寿命的提升幅度，在我国人口转变的过程中，数量转变的速度快于质量的提升速度。

（三）我国人口自然增长率条件下的人口平均受教育年限变化

根据人口平均受教育年限与人口自然增长率的一般模型，就可以测算在某一年份，在特定人口自然增长率条件下，我国人口平均受教育年限的实际值与理想值。1953 年以来我国主要年份人口平均受教育年限与自然增长率的关系如表 2 – 14 和图 2 – 13 所示。

据表 2 – 14 和图 2 – 13 可知，我国人口自然增长率对应的人口平均受教育年限偏低，理想的平均受教育年限均高于实际值。但从总体来看，我国实际值越来越接近理想值（1964 年除外），两者的差距在不断缩小。上述情况表明，在我国人口自然增长率大幅度下降的过程中，人口的受教育水平在不断得到提高，但人口受教育水平的提高速度没有赶上人口自然增长率的下降幅度，在我国人口转变的过程中，数量转变的速度快于质量的提升速度。

表 2 – 14　我国人口平均受教育年限与自然增长率的关系

单位：‰，年

年份	自然增长率	实际平均受教育年限	理想平均受教育年限	实际值－理想值
1953	23.00	0.3466	5.0954	－ 4.7488
1964	27.64	1.7328	2.2410	－ 0.5082
1982	15.68	4.50	7.6482	－ 3.1482
1990	14.39	5.50	7.9247	－ 2.4247
1995	10.55	6.08	8.5642	－ 2.4842
2000	7.58	7.09	8.9525	－ 1.8625
2001	6.95	7.15	9.0314	－ 1.8814
2002	6.45	7.20	9.0944	－ 1.8944
2005	5.89	7.46	9.7571	－ 2.2971
2008	5.17	8.5	9.9727	－ 1.4727

资料来源：人口自然增长率来源于国家统计局历年的统计年鉴，实际平均受教育年限源自表2 – 11，理想值根据模型估算。

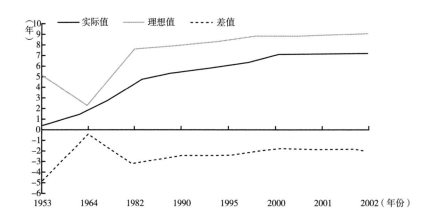

图 2 - 13　我国自然增长率条件下的人口平均受教育年限变化

三　中国人口转变中教育因素变动的基本判断

上述实证分析表明，在我国人口转变过程中，尽管人口受教育水平稳步提升，人口平均受教育年限逐年增加，人口转变与人口质量提高按同一方向进行。但是，若同人口转变与人口受教育程度的一般规律比较，我国人口受教育程度提升速度普遍滞后于人口转变的速度，表 2 - 15 和图 2 - 14 可以粗略反映我国人口受教育程度的滞后程度。

表 2 - 15　我国人口转变中人口受教育程度的滞后程度

年份	总和生育率条件下	出生预期寿命条件下	自然增长率条件下
1953	- 1.3360	- 4.4819	- 4.7487
1964	0.2239	- 4.7164	- 0.5082
1982	- 2.3686	- 3.4351	- 3.1482
1990	- 2.7307	- 2.6032	- 2.4247
1995	- 3.6674	- 2.3919	- 2.4842
2000	- 3.1016	- 1.7620	- 1.8625

续表

年份	总和生育率条件下	出生预期寿命条件下	自然增长率条件下
2001	-2.6900	-1.7814	-1.8814
2002	-2.6337	-1.8113	-1.8944
2005	-2.3838	-1.5932	-2.2971
2008	-1.1471	-0.6364	-1.4727

资料来源，根据表2-12、表2-13和表2-14整理。

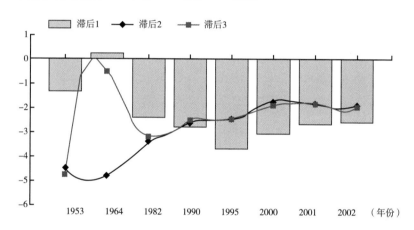

图2-14 我国人口转变中人口受教育程度的滞后程度

说明：滞后1指总和生育率条件下，滞后2指出生预期寿命条件下，滞后3指自然增长率条件下。

根据上述分析，我国人口转变中教育因素变动情况可作如下基本判断。

判断1：在我国人口转变过程中，人口受教育程度大幅度提升，虽然我国人口质量提升滞后于人口数量转变，但它们在发展趋势上是与世界一致的，符合世界人口转变过程的一般规律，我国人口转变过程具有一般性、普遍性。

判断2：在我国人口转变过程中，人口受教育程度的提升速度普遍低于人口转变的速度。我国人口转变的速度快、时间短、政策干预性强以及转变的不稳定性，在人口受教育程度提升方面表现得十分明显，我国人口平均受教育年限普遍滞后于世界一般规律条件下人口转变所处阶段对应的水平，我国人口转变过程具有特殊性、趋异性。

判断3：人口受教育程度的滞后性在不断缩小。从滞后程度变化来看，在不同条件下，除去总和生育率条件下有些波动外，我国人口受教育程度的滞后程度都呈缩小趋势，这说明我国人口受教育程度已不断趋向一般规律，我国人口转变的教育指标正按理想的方向发展。

判断4：我国人口转变完成的不彻底，低生育水平条件下的人口工作依然艰巨。按人口数量的标准，我国人口转变已经完成不可否认，但若把人口转变完成看成一个综合性的阶段系统，则至少从人口受教育程度方面考察，我国人口转变还没有彻底完成，2002年，世界一般的人口平均受教育年限是8.3663年，而我国实际的人口平均受教育年限只有7.2年，仍然滞后于世界一般水平近1年。因此，在实现人口数量转变的背景下，稳定我国人口的低生育水平，推进人口在质量、结构、分布等方面的系统性转变，是我国人口数量转变完成之后人口工作的重要方向之一。

第三章

中国人口质量转变的理论框架 |

人口转变理论自形成、修正、发展至今，已形成了众多分支理论以及结合各国国情的国别理论。在人口转变理论的讨论中，逐渐形成了不同的理论派别，对人口转变的过程、原因、机制等解释不一。本章第一节简要梳理一下人口转变理论的发展历程，探讨人口转变理论演进的特征；第二节则对我国人口转变的模式，人口转变理论的研究现状及特性进行梳理，评述我国人口转变理论的发展历程；第三节从教育学视界出发，根据第二章关于教育因素在人口转变中的作用机制，探讨教育学视界下人口转变理论的基本体系，提出人口转变的教育衡量标准；第四节对人口转变理论的可能拓展方向进行思考，提出人口转变理论的基本框架，探讨人口转变理论的发展态势。

第一节　人口转变理论的形成与发展

人口转变理论（The Demographic Transition Theory）是现代西方人口理论的重要组成部分，也是用来解释当前世界人口发展状况与趋势的基本理论。从理论演进史来看，人口转变理论是对马尔萨斯"人口陷阱"理论的替代，并与工业革命后的社会经济发展节奏高度合拍。当然，随着社会经济发展，人口转变理论自形成至今，已经历了经典、现代和后人口转变时期三个阶段，并在理论演进与拓展中形成了众多流派。人口转变完成后，如何解释和预测世界人口的形势变化，学界仍存争议。但是，结合特定国家（地区）的人口变动历史，从多维视角解释后人口转变时期的人口变动趋势已成潮流。本节将简要概述人口转变理论的形成与发展，并据之归纳人口转变理论的演进特征。

一　人口转变理论的形成

1992 年，Jacques Veron 在《联合国教科文卫信使》（UNESCO Courier）中对人口转变理论的形成与发展进行了简要概述，认为人口转变理论始于 1934 年的 Adolphe Landry（A. 兰德里），人口转变概念是指经济进步或发展打破了某一特定人口出生率与死亡率的最初平衡，但这种平衡最终会由相互作用的内在机制给予恢复。[①]

从人口理论的发展过程来看，人口转变理论的形成是对工业社会之初人口发展理论的替代，人口转变理论的形成与工业革命后特定历史阶段的社会经济文化因素紧密联系。此外，从人口转变理论的形成伊始，就逐渐形成了不同的流派。

（一）人口转变理论形成的历史背景

人口转变理论是一种以联系社会经济发展以及人口发展过程及其演变的主要阶段为研究对象的人口理论，它和许多西方人口理论不同，不是纯理论演绎的结果，而主要得自对历史经验和实际资料的分析。[②] 人口转变理论起源于 20 世纪初西欧的工业社会，它以西欧的人口数据为依据，分析人口发展由原始阶段向现代阶段转变与演进的过程，并对其转变的根源、机制及未来趋势进行理论解释。

19 世纪末 20 世纪初，西欧地区的工业革命取得了巨大进展，城市化加速度，人口发展也在发生变化，与工业革命初期的高出生率、高死亡率人口发展模式不同，在西欧的许多国家，随着人口死亡率的下降，人口出生率也在下降，人口自然增长率稳定在较低水平。例如，在法

---

① Jacques Veron, "The demographic transition," UNESCO Courier, Jan, 1992.
② 参加李竞能《现代西方人口理论》，复旦大学出版社，2004。

国，1900 年其自然增长率只有 0.7‰，接近零增长。人口发展实际情况的变化引起人口学家的关注，它至少在形式上①动摇了马尔萨斯在《人口原理》中提出的基本论断，即生活资料增长，人口也必然增长，人口增长速度必然超过生活资料增长速度。从短时期来看，从 19 世纪中叶到 19 世纪末，英、法等国生活资料增长速度至少是人口增长速度的四倍，在生活资料迅速增长的同时，人口自然增长速度反而下降了。

针对当时的人口状况，许多经济学家与人口学者进行了解释，其中关于人口出生率下降的原因与经济增长的相互关系的研究较多。在这之前，关于"总人口"的适度人口理论一方面继承了马尔萨斯人口理论的思想，另一方面又想在人口发展与自然社会发展之间的平衡方面给出合理的解释。但至少在适度人口理论之前，关于人口发展本身的理论研究关注的是"总人口"，而没有关注人口发展本身的内在机制（如出生率、死亡率与自然增长率等）。因此，人口转变理论的提出，也是对前一阶段人口发展理论的深化，并在方法论上也借鉴了当时微观经济的分析框架。②

（二）人口转变理论的形成过程

法国人口学家兰德里是人口转变论的创始人，1934 年他出版了《人口革命》一书，在书中首次提出人口转变理论。③他在提醒人们注意人口减少对社会经济的危害时，曾根据西欧特别是法国的人口统计资料，结合人口出生率和死亡率变动的不同状况，分析人口发展趋势。在《人口革命》一书中，他提出人口转变的三个阶段，并称这种转变为"人口革命"，意指这种转变包含着质的变化。在论述中，兰德里把人口发展过程看作与社会经济条件密切相关的过程，认为经济因素，特别是生产力，是影响人口发展过程的主要因素，他一再提醒人们不要忘记

① 之所以称为"形式上"，是指这种变化是短时期的，也没有充分证据否定马尔萨斯的基本结论。
② 参见李竞能《现代西方人口理论》，复旦大学出版社，2004。
③ 刘家强：《人口经济学新论》，西南财经大学出版社，2004。

人口减少使雅典和罗马衰败的历史教训，以及现代世界（指西欧）所面临的人口减少的威胁。

人口转变论的另一代表人物是美国社会学者、人口学家 W. 汤普森，他在研究欧洲人口发展的基础上，也探讨了人口转变问题。1929年发表了题为《人口》的论文，试图使欧洲人口发展的历史经验适用于全世界。1930年出版了《人口问题》一书，更系统地论述了有关人口转变的观点。其认为世界各国在人口发展阶段上存在差异，并且按照死亡率和出生率的变动倾向与发展水平，把世界人口分成三类地区，实际上是区分了人口发展的三个阶段。从总体来看，20世纪上半叶是人口转变理论的奠基时期，现代西方人口转变理论的形成和发展是在第二次世界大战之后才逐渐出现的。①

二　人口转变理论的发展

人口转变理论自提出后，就形成了不同的流派。李竞能将人口转变理论的发展划分为三个阶段：第一阶段是指20世纪40～50年代，是其理论体系形成和日渐成熟时期，主要趋向是探讨人口转变阶段模型，并将分析扩展到发展中国家；第二阶段是20世纪70～80年代，是人口转变理论进一步发展与多元化时期，对死亡率和生育率变动的动因作了多种分析与说明；第三阶段是20世纪80年代中到20世纪末，是其理论分析日益深化和发展相对停滞阶段，除继续深入分析人口变动的内在动因外，还探讨了人口转变理论的区域适用性，并预测世界人口转变的主要趋势。② 刘家强在对人口转变理论的发展过程进行梳理时，则把人口转变理论分为两个阶段：一是经典人口转变理论，二是现代人口转变理论。③ 下面以时间为序，对各个时期典型的人口转变理论逐一进行简评。

---

① 参见李竞能《现代西方人口理论》，复旦大学出版社，2004。
② 李竞能：《现代西方人口理论》，复旦大学出版社，2004。
③ 刘家强：《人口经济学新论》，西南财经大学出版社，2004。

（一）布莱克的人口转变论

C. P. 布莱克（C. P. Blacker），英国著名的人口学家。他在 1947 年发表了《人口发展的阶段》（Stages in Population Growth）一文[①]，对人口转变的阶段进行了详细划分，提出了人口转变的五阶段理论。他以人口发展的五种类型作为人口转变的五个阶段，各个阶段的特征如下（见图 3 - 1）。

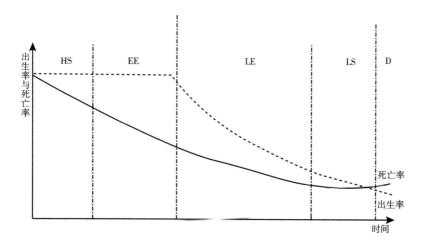

图 3 - 1　布莱克人口转变的五阶段理论

第一阶段是高位静止阶段（HS，High Stationary）。这一阶段的主要特征是高出生率（原图为高生育率），高死亡率，低自然增长率，人口发展保持着高位平衡。

第二阶段是早期扩展阶段（EE，Early Expanding）。此阶段的特征是人口出生率依然较高，但随着经济的发展，死亡率开始下降。在这一阶段，人口规模迅速扩展，人口自然增长率保持较高水平，并达到最大值。

第三阶段是后期扩展阶段（LE，Late Expanding）。经济进一步发展

---

① Blacker C. P., "Stages in Population Growth," *Eugenics Review* 39 , 1947.

以后，死亡率以更快速度下降，最后接近可能达到的最低限度，出生率开始下降，且后来的下降速度很快，从而使人口增长速度逐渐缓慢下来。

第四阶段是低位静止阶段（LS，Low Stationary）。这一阶段的经济与人口都进入停滞状态，存在低出生率和低死亡率的平衡。

第五阶段是减退阶段（D，Diminishing）。此时人口出生率与死亡率都很低，且出生率低于死亡率，人口处于绝对减少的状态。

由上可知，布莱克的人口转变论是结合经济发展来一起进行考察的，他把经济变动过程与人口发展过程有机结合，考察经济发展与人口发展之间的内在关系。此外，布莱克提出的人口转变第五阶段是人口处于绝对减少状态，这是人口转变完成后的可能方向之一。

（二）诺特斯坦的人口转变论

诺特斯坦（Frank W. Notestein，1902～1983年），美国著名人口学家，当代人口转变论的重要代表之一，1936年，创建普林斯顿大学人口研究所，1946年帮助联合国建立人口处，并担任第一任处长，1959年任联合国人口理事会主席，其代表著作有：《人口重压地区的政策问题》（1944）《人口——长远的展望》（1945）《人口变化的经济问题》（1953）等。诺特斯坦被认为是经典人口转变论的最终完善者，他在战后最先为发展人口转变论做出了重要贡献，系统地论述了人口转变的条件与原因，是现代西方人口转变论的主要代表人物。他指出，"出生率的下降滞后于死亡率，但是死亡率的下降将带动出生率的下降，最终实现死亡率和出生率的平衡。这是人口转变的标准解释"。

诺特斯坦继承和发展了汤普森的人口转变论思想，而且更着重于从社会经济发展的角度来分析人口转变，他在1945年发表的《人口——长远的展望》一文中，把世界各国或地区按照经济发展程度、出生率和死亡率的状况分为三类，把人口发展分为三个阶段（见图3-2）。[①]

---

① 参见李竞能《现代西方人口理论》，复旦大学出版社，2004。

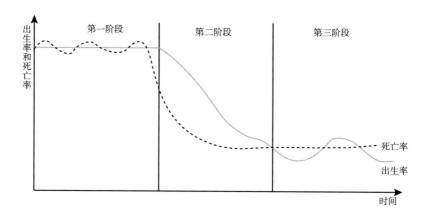

图 3 - 2　诺特斯坦人口转变的三阶段理论

第一阶段是具有较高增长潜力或者转变增长（Transitional Growth）尚未开始的人口（亚洲、非洲、拉丁美洲大多数国家）。它也可称为处于转变前期的高增长潜力的人口，此时的人口特点是出生率和死亡率都保持在高水平上，而高死亡率有时围绕高出生率上下波动。

第二阶段是处于转变中的人口。可以称为转变型人口（苏联、日本、拉丁美洲一些国家）。这个阶段的人口特征是死亡率和出生率都已开始下降，但是死亡率的下降较快，出生率的下降滞后于死亡率，因此人口自然增长率相对地提高得较快。

第三阶段是已经完成转变的人口（美国、欧洲、澳洲）。此阶段的人口特征是出生率和死亡率都降到很低水平，死亡率相对比较稳定。出生率在波动中降低到世代更替水平，有时甚至低于世代更替水平。

诺特斯坦上述的三阶段理论，是根据人口自然变动的类型来划分的，也可以说是人口转变的经典阶段划分。后来，他把人口转变与社会经济条件进行结合，对理论模型也作了修正，提出了四阶段模型。

1953 年，诺特斯坦发表了《人口变动的经济问题》一文，进一步论述了自己对人口转变的看法，他批评当时人口学说的两种各走极端的观点：一种忽视人口转变过程的独立性，把它说成社会经济发展的附属物；另一种是把人口变动看成完全脱离社会经济发展的过程，忽视人口变动所依赖的社会经济条件。他强调必须把人口变动和社会经济发展联系起来考察。他在考察欧洲自 19 世纪以来向低出生率、低死亡率平衡的转变过程时，认为随着工业化、城市化的发展，生育孩子的费用增加而孩子可能提供的经济贡献下降，同时现代的有效的避孕方法得以推广，都是人口转变的内在动因。同时，他也把这种解释应用到欧洲以外的地区，他认为在日本等地也都得到论证。他在这篇论文里，结合农业社会向工业社会的转变过程来考察，修正了前面提出的三阶段理论，把人口发展过程分为四个阶段来分析。

第一阶段是工业化以前的阶段，出生率保持稳定的高水平，死亡率也处于高水平但略有起伏波动，人口自然增长率很低；第二阶段是工业化的初期阶段，出生率基本上维持不变，死亡率开始下降并且逐渐加快，二者的差距逐渐加大，人口自然增长率逐渐上升；第三阶段是工业化进一步发展阶段，死亡率继续下降，但起初出生率下降速度滞后于死亡率的下降速度，二者的差距加大，人口自然增长率在这个阶段最高；第四阶段是完全工业化阶段，亦即完成向"城市工业社会"转变和实现现代化的阶段，此阶段人口的出生率和死亡率都降到很低水平，死亡率保持稳定的低水平，出生率略有波动而趋于世代更替水平，人口自然增长率很低，甚至降到零或零以下。

（三）寇尔的人口转变论

寇尔（Ansley Coale, 1917～），美国著名人口学家，普林斯顿大学教授，曾任美国科学院人口问题委员会主席，国际人口学会主席。他是最早且较完整地对人口转变进行数量界定方面的学者。

寇尔综合前人的研究成果，结合模型生命表编制中的数据，对人口转变进行数量界定，他把人口转变分为五个阶段：第一阶段是原始静止（Primitive Stationary），相当于布莱克模式的高位静止阶段；第二阶段是前现代（Premodern），相当于诺特斯坦模式的高增长阶段；第三阶段是过渡（Transitional），相当于诺特斯坦模式的过渡阶段；第四阶段是现代（Modern），相当于诺特斯坦模式的低增长阶段；第五阶段是现代静止（Modern Stationary），相当于布莱克模式的低位静止阶段。各阶段的数量界定如表 3-1 所示。

表 3-1　寇尔人口转变模式的数量界定

单位：‰

	原始静止	前现代	过渡	现代	现代静止
出生率	50.0	43.7	45.7	20.4	12.9
死亡率	50.0	33.7	15.7	10.4	12.9
自然增长率	0.0	10.0	30.0	10.0	0.0

资料来源：朱国宏：《人口转变论——中国模式的描述和比较》，《人口与经济》1989 年第 2 期。

由表 3-1 可知，寇尔模式的出生率和死亡率变动并不是始终由高往低降。出生率在前现代到现代期间经历了由上升到下降的变动过程，死亡率从现代到现代静止也是上升的。从人口增长看，大致经历了一个抛物线过程，从加速到减速，以过渡阶段为转折点。[①] 显然，这是寇尔试图给出的标准模式，事实上也是一个理想模式（见图 3-3）。

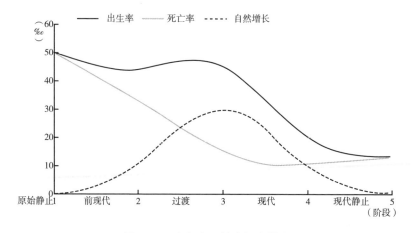

图 3-3　寇尔人口转变标准模式

---

① 朱国宏：《人口转变论——中国模式的描述和比较》，《人口与经济》1989 年第 2 期。

寇尔在提出上述理想模式后，通过生育模式的转变来揭示人口转变的内在原因，并对现代社会的标准也进行了数量界定，认为所谓的现代社会，要符合如下三个条件：一是 50% 以上的人口居住在 2 万人以上的城市；二是 90% 以上 6 ～ 13 岁女性人口接受教育；三是 30% 以下的劳动力从事农业、渔业和林业。根据这些标准，寇尔认为，如果总和生育率超过 5，妇女平均预期寿命不到 60 岁，可以说是高生育率和高死亡率；而总和生育率低于 4，妇女平均预期寿命超过 68 岁，则可以说是低生育率和低死亡率；而处于这两大指标之间的，就是人口转变中的生育率与死亡率。[①]

（四）现代人口转变理论的主要流派

经典人口转变理论仅局限于描述人口转变的本身，或把人口转变与社会经济发展结合起来考虑，但随着人口转变研究的深入，人们发现人口转变不仅仅是某一个因素或几个因素作用的结果，而且是多种因素的综合结果。寇尔在主持欧洲生育史项目（European Fertility Project）的研究中发现，人口转变不仅限于社会经济发展水平的高低，还可从文化、宗教、制度等视角进行研究，其研究结果证实了传统的经典人口转变理论存在不足。为此，结合现代主义的思想潮流，人口转变理论也向现代的方向转向，并形成了诸多的流派。

结构主义强调从宏观方面解释事件的原因，采用结构主义的思想解释人口转变是现代人口转变的理论之一。这种理论认为人口转变是现代化进程的产物，它从经济、社会、人们的心态观念以及现代化进程等结构背景来解读人口转变的过程，通过考察工业化、城市化、现代观念的变化等因素，试图了解人口转变的真正动因。例如，该理论认为，工业化的发展，促使妇女的就业结构与消费方式发生了变化，而这也就进一步影响着妇女生育模式的变化；另外，工业化与城市化的发展极大地推动了教育，而妇女教育水平的提高，对生育率也有明显的降低作用。

---

① 刘家强：《人口经济学新论》，西南财经大学出版社，2004。

多方面反应理论是试图从微观方面解释人口转变动因的理论，它由 K. 戴维斯在 1963 年提出，他要解决的中心问题就是死亡率下降怎样能（在什么条件下）导致生育率下降？为此，他假设个人决策取决于个人而不是国家的目的，调查研究表明，死亡率的下降对家庭的影响是多方面的，它会引导个人对之做出反应，而不考虑政府的目标。个人的系列反应既有人口学的（如迁移、婚姻等），也有非人口学的（如延长工作时间）。戴维斯把人口转变与个人行为反应结合在一起，从微观方面为人口转变理论的动因提供了一个解释模式。

临界值假说（Threshold Hypothesis）则试图把现代化进程与生育率水平联系起来，旨在探寻现代化阶段的生育率临界点。其他的现代人口转变理论还包括生育率经济学（财富流向理论、芝加哥学派及伊斯特林的供求综合框架理论等），其实质是把人口转变理论的研究推向深入，在人口死亡率稳定在低水平的条件下，生育率的研究已成为人口转变研究的重点。

总之，所谓的现代人口转变理论，也仅是从不同角度去考察人口转变问题，并没有在原有的基础上形成一套完整的理论，一些经典人口转变理论未能解决的问题，现代人口转变理论也没有做出令人信服的解释。[①]

三　人口转变理论的演进特征

概观人口转变理论的演进过程，可以发现人口转变理论自提出至今，已经历了从修正到完善，从经典到现代，从单一到多元的复杂变化。尽管到今天为止，人口转变理论仍处于不断争议之中，但无论如何，人口转变理论已成为解释当代人口发展的主要理论之一。人口转变理论的发展呈现统一的演进特征。

人口转变理论的演进过程，呈现以下五点特征。第一，人口转变的基本原理都是一致的，即由高位平衡转向低位平衡。无论是哪种人口转

① 刘家强：《人口经济学新论》，西南财经大学出版社，2004。

变理论，对人口转变的理解都是一致的，即人口由高位平衡转向低位平衡的过程，并且在人口转变过程中，均存在一个死亡率与出生率的"时滞"现象，这是人口转变理论的基本观点，也是对人口理论的一个重要贡献。第二，人口转变理论的研究通常是结合社会发展进程来考察的。自人口转变理论提出后，人口转变过程通常都是与特定的社会发展阶段相联系的。人口发展过程并不完全是一个独立的过程，人口的发展脱离不了社会经济的发展，而人口发展又具有自己的规律性，这正是人口转变理论的内在逻辑。第三，人口转变理论的归因由单一走向多元，但综合性的解释仍在争论之中。人口转变的原因解释不一，但总体趋势是由考察一种或几种因素，逐渐到考察影响人口转变的多方面因素，如经济、社会、文化、教育、宗教、社会制度等。第四，人口转变理论在方法论上由定性走向定量。在经典人口转变理论阶段，人口转变理论的阶段划分以定性为主，自寇尔提出人口转变模式的数量界定后，人口转变理论由理论模型走向数量模型。第五，人口转变过程同时也是人口发展由以死亡率为主转向以生育率为主的转变过程。在人口转变的前半阶段，人口死亡率大幅度下降，人口转变主要研究死亡率的变化；到人口转变的后半阶段，人口死亡率稳定在较低水平，人口转变主要开始关注生育率的变化。

第二节　中国人口转变理论及其独特性

1953 年以来，我国人口经历了由高位平衡向低位平衡的转变，关于我国人口转变的理论研究也成了国内人口学者所关注的领域。我国的人口转变有些什么特点，转变过程分为几个阶段，人口转变的原因是什么等，这些问题都是我国人口转变理论研究所需解决的。本节首先探讨我国人口转变的模式，与人口转变的一般模式进行比较。其次，梳理国内关于我国人口转变理论的研究，综述各家观点，然后从这些观点的比较中，反映我国人口转变理论研究的现状与趋势。最后，通过对我国人口转变模式的研究，概括我国人口转变及其理论的独特性。

一 中国人口转变的模式

关于我国人口转变的模式，国内学者已有较多研究。朱国宏教授早在1989年就参照人口转变的一般模式（寇尔模式），概括出中国人口转变的模式，把中国人口转变划分为五个阶段。除去中间一个特殊阶段（1960年前后），前两个阶段以人口死亡率下降为特征，后两个阶段以人口出生率下降为特征。[①] 朱国宏教授对我国人口转变模式的概括富有学术价值，但因其成文较早，数据止于1987年，对我国1990年代以后的人口发展尚未能纳入。穆光宗、陈卫2001年对我国人口转变模式也进行了提炼，他们从多个角度（传统人口再生产、总和生育率、制度－政策－发展）来分析我国的人口转变，认为我国的人口转变可分为以下五个阶段：一是死亡率主导的人口转变；二是生育率主导的人口转变；三是统计学意义的人口再生产类型转变；四是实质性的人口再生产类型转变；五是人口增长类型的转变——从"增长型的人口"转变为"缩减型的人口"。[②]

根据经典人口转变理论，我国人口转变已经完成。那么，我国人口转变模式到底如何？在现阶段是可以较好地归纳总结的。本部分将参考寇尔的理想模式，探讨我国的人口转变模式。

根据寇尔的理想模式，1953年之后我国人口转变已经步入前现代阶段，人口的出生率下降，死亡率也开始下降，但人口死亡率的下降速度大于出生率。也就是说，我国完整的人口转变过程的起点应在1953年之前，由于之前没有准确的数据，我国人口转变到底开始于何时，目前没有统一的结论。例如，曾有较长一段时间认为我国人口转变起始于1949年；朱国宏认为我国人口转变发生在1949年之前，但因数据不准确，难以确定具体时间[③]；姚新武则认为中国人口转变应起源于18世纪

---

① 朱国宏：《人口转变论——中国模式的描述和比较》，《人口与经济》1989年第2期。
② 穆光宗、陈卫：《中国的人口转变：历程、特点和成因》，《开放时代》2001年第1期。
③ 朱国宏：《人口转变论——中国模式的描述和比较》，《人口与经济》1989年第2期。

初①；雷安则认为我国人口转变起始于民国初期②。比照寇尔的标准模式，我国人口转变模式如图3-4所示。

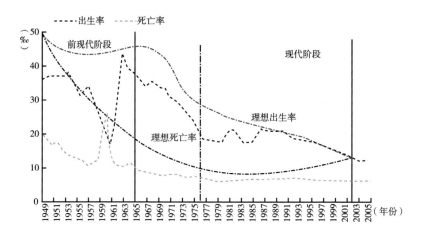

图3-4 我国人口转变模式与寇尔理想模式比较

由图3-4可知，我国人口转变模式只经历了寇尔模式的两个阶段，即在前现代阶段，出生率下降，死亡率也下降，但死亡率下降速度大大超过了出生率下降速度；之后，我国人口转变越过寇尔模式的过渡阶段，直接进入现代阶段，即人口出生率大幅度下降，人口死亡率稳定在较低水平。到2002年，我国人口出生率为12.86‰，死亡率为6.41‰，两个指标都达到寇尔模式的现代静止阶段标准，这标志着我国人口转变的完成。

比较于世界一般模式，我国人口转变模式有着许多显著的特点：首先，我国人口死亡率下降速度十分快，早在前现代阶段，我国人口死亡率就降低到很低水平，并一直稳定在低水平之上；其次，我国人口的出生率存在波动性，由于我国人口出生率的下降是强控型的政策所致，故其下降速度之快、反弹空间的存在，都是我国人口转变模式所特有的。我国人口转变模式可用图3-5来粗略表示。

---

① 姚新武：《中国人口转变历程的深入探讨》，《人口研究》1992年第6期。
② 雷安：《中国人口转变时间考》，《人口研究》1993年第6期。

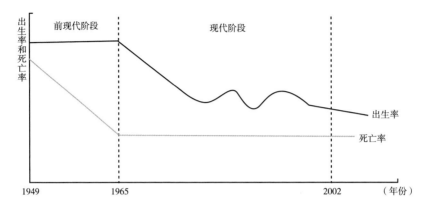

图 3 - 5　我国人口转变模式

二　中国人口转变理论的演进过程

关于我国人口转变的研究一直不断，对我国人口转变的理论研究也较多，在本节中，着重以人口转变理论的研究为对象，探讨我国学者对我国人口转变的理论研究。

就总体而言，人口转变理论作为一种外来理论，我国人口学者着重于把人口理论与我国人口转变实际进行比照，很少有原创性的理论成果。在有关人口转变的文献中，介绍国外人口转变理论，分析人口转变理论本身，比较不同国家人口转变历程的文献就占 1/3 左右；还有 1/3 的文献则研究区域人口转变过程，基本上也是应用国外人口转变理论来分析国内区域（某一省域、市）的人口转变过程，基本上没有什么理论创见；另外 1/3 的文献是直接有关我国人口转变本身的，但也很少直接探讨我国的人口转变理论，一般是结合国外人口转变理论本身来分析我国人口转变的过程、特点与成因等。概括我国学者对人口转变的理论研究，可归为如下三个方面。

一是探讨中国人口转变的模式。如前一小节所述，相较于世界人口转变的一般模式，我国人口转变具有独特性，国内学者以经典的人口转变模式为参照，对我国人口转变的模式进行了归纳。例如，朱国宏根据寇尔标准模式，提出了我国五阶段的人口转变模式①；穆光宗、陈卫从多个视野综述衡量我国人口转变过程，也提出人口转变的五个阶段的模式。②

二是结合中国人口转变过程，探讨人口转变理论的适应性与特殊性。这包括从不同学科的角度对我国人口转变进行归因、对我国人口转变理论的特殊性分析以及结合其他因素（如现代化进程、经济转型等）来讨论我国人口转变的特点。我国人口转变的归因研究有许多，在第一章文献综述中已有归纳，包括社会经济因素、计划生育政策因素、文化传统因素、现代化进程因素等。关于我国人口转变理论的特殊性分析，多数也包括在归因研究当中，这些研究展现了我国人口转变的独特性。此外，也有学者对人口转变进行分类，对我国人口转变的特性进行分析。例如，宋瑞来认为人口转变可分为自发性与诱导性，我国属于比较成功的诱导性人口转变。③ 洪英芳认为现代人口转变有两种形态，一是生育自行控制的自然转变形态，二是人为控制的加速转变形态，我国的人口转变属于后者。④ 结合其他因素研究我国的人口转变，也是对人口转变理论的拓展，是对我国人口转变实情认识的深化。例如，陈剑把人口转变、现代化与后人口转变结合在一起进行考察，认为按照现代化的标准，我国人口城市化、非农化、人口进入零增长等主要指标均未达到，我国人口转变还未完成。⑤ 宋元梁把人口转变与经济转型结合在一起，认为我国经济转型与人口转变是同步进行的，人口转变属于经济转型中的一项重要内容。⑥

三是低生育研究与后人口转变理论。早在 1995 年，邬沧萍、穆光宗就尝试提出低生育研究作为人口转变理论的补充与发展，认为我国低

---

① 朱国宏：《人口转变论——中国模式的描述和比较》，《人口与经济》1989 年第 2 期。
② 穆光宗、陈卫：《中国的人口转变：历程、特点和成因》，《开放时代》2001 年第 1 期。
③ 宋瑞来：《试论自发性与诱导性人口转变》，《中国人口科学》1991 年第 2 期。
④ 洪英芳：《现代人口转变两种基本形态》，《世界经济》1986 年第 4 期。
⑤ 陈剑：《现代化，人口转变与后人口转变》，《市场与人口分析》2002 年第 6 期。
⑥ 宋元梁：《试论我国的经济转型与人口转变》，《人文杂志》1997 年第 3 期。

生育目标的实现，现代人口转变趋于完成，但并不意味着人口问题的终结，低生育条件下的许多人口问题（如人口老化、劳动力短缺、独生子女、出生性别比偏高问题等），是人口转变理论无法预见与解决的。因此，需要把低生育研究作为人口转变理论的补充与发展。① 对人口转变理论发展的最新讨论还包括近年来争论中的后人口转变理论，它也是尝试在经典或现代人口转变论完成之后，对人口发展问题的理论思考，其主要目的在于提示人们尽快跳出人口数量多少和生育水平高低的狭隘视野，更多地关注今后低生育水平下的中国人口，以及相关的人口质量、结构、分布和开发问题。② 此外，在欧洲国家，与后人口转变论相类似的研究称为"第二次人口转变"。③

综上所述，我国关于人口转变的理论研究是较浅的，目前还停留在比较、借用阶段，但近年来，随着我国人口发展进入低生育阶段，已有学者开始对人口转变的发展与补充进行探讨，试图完善与发展传统的人口转变理论。

三　中国人口转变理论的独特性

关于我国人口转变的特殊性，目前已有较多的研究。例如，李建新认为我国人口转变具有迅速性、控制干预性、不彻底性、不稳定性和不平衡性。④ 在关于我国人口转变模式的探讨中，也可以发现我国人口转变过程与世界一般模式有所不同。此外，在人口转变分类中，我国人口转变的特殊性也是十分明显的。

除了我国人口转变的特殊性，我国人口转变理论研究也存在一些独特的发展空间。从经典人口转变理论的形成过程来看，它是从欧洲的人口发展过程中概括而来的，然后把这一理论应用于世界人口发展过程

① 邬沧萍、穆光宗：《低生育研究——人口转变论的补充和发展》，《中国社会科学》1995 年第 1 期。
② 于学军：《中国进入"后人口转变"时期》，《中国人口科学》2000 年第 2 期。
③ 蒋耒文：《"欧洲第二次人口转变"理论及其思考》，《人口研究》2002 年第 3 期。
④ 李建新：《世界人口格局中的中国人口转变及其特点》，《人口学刊》2000 年第 5 期。

中。人口转变理论的形成过程表明，作为一种理论，它是通过总结人口的实践而提炼的，我国人口数量居世界第一，人口问题错综复杂，研究人口的空间十分庞大，通过研究我国人口发展的模式，完全有可能发现人口发展过程的规律。例如，作为发展中国家，我国人口转变过程与世界其他发展中国家的人口转变是否有共同规律，若有，能否根据发展中国家的人口转变规律，探讨发展中国家人口发展的基本模式？同样，随着我国人口发展步入低生育水平，后一阶段的我国人口发展将预示着一种什么规律，人口转变完成后的人口发展模式如何？这些都给人口理论研究提供了巨大的空间，人口理论研究理应进行预测与前瞻。

从整体来看，我国人口转变具有自身的独特性，相较于世界一般模式，我国人口转变模式存在明显的三大特征。一是转变阶段的不完整性。我国人口转变过程受政策干预性较强，人口转变的完成并非人口自然发展的结果，因而体现在演进历程上，基本上没有经历寇尔模式的过渡阶段，现代和现代静止阶段的间隔时间也比较短暂。二是人口死亡率的快速下降。我国人口死亡率下降速度十分快，早在前现代阶段，我国人口死亡率就降低到很低水平（1953 年我国人口死亡率就降至 14‰），并一直稳定在低水平之上。三是人口出生率的强波动性。由于我国人口出生率的下降是强控型的政策所致，故其下降速度之快、反弹空间的存在以及造成的相关人口问题是特有的。

总之，随着我国人口转变的完成，人口转变之后的人口发展理论将是什么，这既需要对人口转变论进行补充与发展，也需要构建新的人口发展理论来解释或引导人口发展的过程。依托于我国丰富的人口实践，探讨人口转变理论的完善与发展，甚至提出新的人口发展理论，将是我国人口理论研究的光明前景。

第三节　中国人口质量转变的分析框架

在人口转变理论从经典转向现代的过程中，最重要的变化之一就在于从单一视角转向多维视角研究人口转变，即把人口转变与社会经济发展的其他因素结合在一起进行考察。教育作为社会发展的一项重要内容，它在人口转变中发生了什么样的变化，从教育学视界考察人口转变理论，会得出什么样的结论，本节尝试对此问题给予回答。

一　教育因素在人口转变理论中的作用

教育因素作为影响人口出生率、死亡率的重要变量，经典人口转变理论中都有涉及，特别是在人口转变归因中，由于教育与经济发展的同步性，它往往被作为解释出生率下降，死亡率下降的重要原因。在现代人口转变理论中，教育因素已作为其分析的重要维度之一。例如，在结构主义的人口转变中，"父母的教育程度对生育率水平的影响是最为直接的，尤其是母亲的教育程度高低对生育率变化作用更大：接受过高等教育的妇女，往往不会将她们工作和学习的黄金时期全都花费在养育孩子上，她们会更多地关注孩子的质量。此外，接受了良好教育的妇女，更易于理解和掌握节育的知识和避孕的方法"。[①]

戴维斯和布莱克（Kingsley Davis & Judith Blake，1956）认为，现代化并不直接对生育率起作用，而必须通过一些直接影响生育率的中间变量来间接作用于生育率变化。根据生育率过程的三个阶段——性交、受孕和妊娠，戴维斯和布莱克提出了一系列中间变量因素。社会经济和变化因素只能通过这些因素对生育率产生影响。例如，在生育率研究中一个普遍的结论是：教育程度越高的妇女，越倾向于少生。但是教育并不能直接影响生育率。确切地说，是受教育的妇女更倾向于晚婚或避孕。因此，在考察发展如何影响生育率时，必须要考虑中间变量。[②]

在第二章的实证分析中，根据经验模型的分析结果，教育因素在人口转变中的作用也十分显著。例如，人口平均受教育年限与人口出生预

---

① 刘家强：《人口经济学新论》，西南财经大学出版社，2004。
② 陈卫、黄小燕：《人口转变理论述评》，《中国人口科学》1999 年第 5 期。

期寿命成正相关的关系，即人口出生预期寿命越高，人口转变的程度越高，人口平均受教育年限越高；同样地，人口平均受教育年限与自然增长率、总和生育率成负相关关系，即人口的自然增长率越低，总和生育率越低，人口转变的程度越高，人口平均受教育年限越高。总之，在人口转变过程中，人口的平均受教育年限呈逐渐升高的趋势，人口数量转变与质量提升是同步进行的。

二　人口转变的教育衡量标准

如上所述，根据世界各国的一般经验，教育发展与人口转变过程是同步进行的，那么，在人口转变的各个阶段中，相应的教育发展水平如何？也就是说，由于教育与人口转变之间具有一种内在的关系，人口转变除了可采用出生率、死亡率、现代化进程、经济发展程度等指标来衡量外，教育发展程度也可以用来测度人口转变的程度。所谓人口转变的教育衡量标准，就是用教育发展程度来评估人口转变，度量人口转变的程度。

根据第二章的实证分析，教育因素采用人口平均受教育年限指标。由于人口转变阶段划分的指标主要采用出生率、死亡率和自然增长率，而对于预期寿命、总和生育率的阶段划分标准未知，为模型分析方便，人口转变的指标采用传统的"三率"。按第二章的分析思路，以 2002 年世界 37 个主要国家和地区的数据为基础数据，研究人口转变中的教育衡量标准。

经分析，人口出生率与人口平均受教育年限呈显著的负相关关系，相关系数为 -0.678，在 $r = 0.01$ 水平上显著。人口平均受教育年限与人口死亡率相关性不显著，与人口自然增长率呈显著的负相关关系。在第二章的实证分析中，已证实人口平均受教育年限与自然增长率呈三次函数（在一个区间之内，并不持续，根据人口转变理论分析，实质上是在人口转变的过程之中，不包括原始静止阶段）的关系，但人口自然增长率的变化具有波动性，以寇尔标准模式为例，在原始静止阶段与现代静止阶段，自然增长率均为 0，这样，在一个完整的人口转变过程中，以人口自然增长率对应的人口平均受教育年限无法正确衡量教育发展的程度，因此据经验判断可知，人口平均受教育年限是一个持续增长的过程，而人口自然增长率则呈抛物线的趋势。

人口出生率与人口平均受教育年限的变化方向相反，且在人口转变过程中的持续时间也一致，人口出生率由高位平衡的高死亡率降至目前低位平衡的低死亡率，而人口平均受教育年限由高位平衡的低水平升到低位平衡的高水平。因此，根据人口出生率与人口平均受教育年限之间的内在关系，可以分析人口转变中的教育测度。根据第二章的分析思路，曲线拟合结果表明，人口出生率与人口平均受教育年限之间呈二次函数的关系，其中 $R^2 = 0.465$，两者的关系模型如图 3 - 6。

$$Y = 14.446 - 0.3925 \times t + 0.0031 \times t^2$$

式中，Y 为人口平均受教育年限，t 为人口出生率。

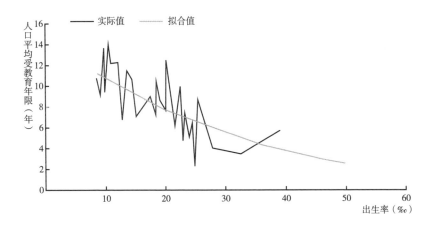

图 3 - 6 人口平均受教育年限与人口出生率关系的曲线拟合

根据寇尔标准模式，按其人口转变中的出生率阶段划分标准，代入上述模型中，可求得人口转变中的教育衡量标准，如表 3 - 2 所示。

由表 3 - 2 可知，在人口转变的过程中，人口平均受教育年限也呈不断升高趋势，在寇尔标准模式中，在前现代与现代阶段有一个过渡阶段，此阶段的人口出生率有一个小幅度的回升。因此，对应于此阶段，人口平均受教育年限也有一个小幅度的下降，但这一过程是否真的存在，取决于过渡阶段人口总量的提升幅度与教育发展速度。就人口平均受教育年限的发展而言，它的发展模式应是持续累增的，但若在特定某一阶段，人口出生率提升，导致人口总量的增加，而教育发展速度慢于人口总量的增加速度，根据人口平均受教育年限的算法，人口平均受教育年限也会相应地降低。在人口转变中，是否均存在人口平均受教育年限的一个小幅度下降，由于没有经验的数据验证，其结论尚不能定。与寇尔模式一样，许多国家的人口转变过程并没有经历过渡阶段，如中国人口转变模式就不存在类似的过程。

表 3 - 2　寇尔人口转变模式中的教育衡量标准

单位：‰，年

	原始静止	前现代	过渡	现代	现代静止
出生率	50.0	43.7	45.7	20.4	12.9
死亡率	50.0	33.7	15.7	10.4	12.9
自然增长率	0.0	10.0	30.0	10.0	0.0
人口平均受教育年限	2.6063	3.2409	3.0126	7.7352	9.9011

无论如何，以寇尔模式为参照，人口转变的教育衡量标准仍具有一定的合理性。在人口转变的原始静止阶段，人口平均受教育年限仅为2.6063 年，到前现代阶段，人口平均受教育年限达到 3.2409 年，到过渡阶段，人口平均受教育年限稍降至 3.0126 年，到现代阶段，人口平均受教育年限快速升到 7.7352 年，到人口转变完成之际，人口平均受教育年限达到 9.9011 年。可见，在人口转变的过程中，由过渡阶段到现代阶段，人口平均受教育年限增长速度最快，而此阶段也是人口出生率大幅度下降的过程。

与第二章对人口转变完成的教育判断标准相比较，本节的研究进一步完善了教育因素在人口转变中的作用，根据本节及第二章的研究，人口转变完成时的人口平均受教育年限如表 3 - 3 所示。

表 3 – 3　多种方案下人口转变完成的教育判断标准

单位：年

模型的因变量	下限	上限
人口自然增长率	8.0809	9.7393
总和生育率	7.0454	9.3689
出生预期寿命	5.6439	7.3057
平均值	6.9234	8.8046
寇尔模式中的人口出生率	9.9011	
自然增长率、总和生育率、出生预期寿命	8.3663	

　　由表 3 – 3 可知，当人口转变完成时，无论采用何种标准进行判断，人口平均受教育年限都为 7 ~ 10 年。这就说明，在人口转变的过程中，人口的受教育程度也是在不断提升的，人口数量转变与质量提升同步进行。人口转变的过程，也是人口质量提升的过程。

　　若以寇尔标准模式作为人口转变过程的基本模式，把教育因素纳入人口转变模型，则人口转变理论中就有一个人口平均受教育年限的判断标准，这既可以说是对经典人口转变理论的补充，也可以看成是综合考虑到人口数量和质量的人口转变理论，根据此理论，若某一国家的人口的数量转变已经完成，但人口平均受教育年限尚没有达到应有的程度，这就说明此国的人口转变还不彻底，人口质量没有得到同步的提升。教育学视界下的人口转变理论模型如图 3 – 7 所示。

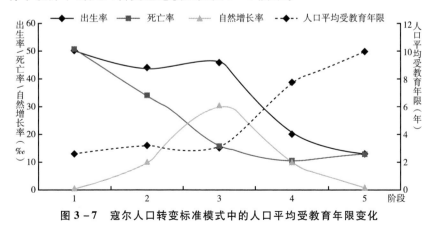

图 3 – 7　寇尔人口转变标准模式中的人口平均受教育年限变化

三 中国人口转变中的教育发展水平

前面研究表明，按经典人口转变的判断标准，我国已完成了人口转变，那么，在我国人口转变过程中，人口平均受教育年限变化如何，我国人口转变中的教育发展水平如何，本部分将以人口转变中的教育衡量标准，对我国人口转变中的人口质量提升问题进行研究。

第二章第三节的研究中已表明，在我国人口转变过程中，无论是根据人口自然增长率、总和生育率，还是根据出生预期寿命的模型，我国人口平均受教育年限均低于模型的理想值，在我国人口转变的过程中，数量转变的速度大大快于质量的提升速度。

为衡量我国人口转变中的教育发展差距，根据人口出生率与人口平均受教育年限的一般模型，若把我国历年人口出生率数据代入模型，可求得对应年份的理想人口平均受教育年限。根据我国主要年份人口平均受教育年限的数据，我国人口转变中的教育发展水平如表 3 - 4 和图 3 - 8 所示。

表 3 - 4 我国人口转变中的人口平均受教育年限比较

单位：年

年份	理想教育年限	实际教育年限	实际值 - 理想值
1953	4.1869	0.3466	- 3.8403
1964	3.8247	1.7328	- 2.0919
1982	7.6006	4.50	- 3.1006
1990	7.5613	5.50	- 2.0613
1995	8.6393	6.08	- 2.5593
2000	9.5524	7.09	- 2.4624
2001	9.7520	7.15	- 2.6020
2002	9.9136	7.20	- 2.7136

注：理想教育年限根据人口出生率与人口平均受教育年限的一般模型估算，实际教育年限数据源自表 2 - 11。

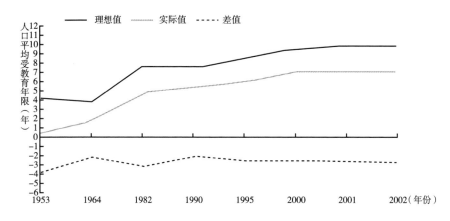

图 3 - 8　我国人口转变过程人口平均受教育年限的理想值与实际值

由上可知，在我国人口转变中，与人口转变的教育衡量标准比较，我国人口平均受教育年限一直滞后 2 ~ 3 年。我国人口数量的转变已经完成，但人口的质量提升并没有保持同步。对于其形成原因，可能主要有以下两个方面，一是我国人口转变过程比较特殊，特别是政策强控型的降低生育率，使人口数量快速转变，但人口受教育程度并没有跟上，与自发性的人口转变模式不同，我国人口转变过程带有明显政策干扰因素；二是我国人口基数庞大，教育发展速度跟不上人口增长的速度，从而使人口平均受教育年限一直偏低。因此，若基于教育学视界对我国人口转变进行考察，我国人口转变还没有完成的观点是可成立的。

四　中国人口质量转变的主要特征

综合上述分析，人口转变与教育因素之间的基本关系已初步显露出来。从人口转变理论体系构架来看，本书尝试把教育因素纳入人口转变理论体系之内，特别是关注人口转变之后教育因素在人口发展之中的作用，这些基本目标在前面研究中已得到初步结论，下面试对这些结论进行梳理与总结。

人口转变与教育因素之间存在一些规律性的关系，从国际经验分析来看，人口转变的过程也是人口受教育水平不断提升的过程，而且两者之间还存在同步的规律性关系。根据人口转变理论的阶段划分，本书也对人口转变阶段中的教育发展阶段确定了判断标准，即以寇尔人口转变标准模式为参照，大致确定了人口转变阶段中的教育判断标准。

观照我国人口转变历程，我国人口转变具有独特性，这种独特性也表现在教育发展水平方面。根据实证分析的结论，作者认为，我国人口转变过程整体上仍然符合人口转变与教育因素之间的规律性关系，即人口转变与教育发展是按同一方向（但不同步）进行的，基本符合国际经验的模式；但与我国人口转变理论一样，它仍然具有独特性，即我国人口数量转变快于质量转变，在人口数量的转变已经完成后，人口的质量提升并没有保持同步，人口平均受教育年限一直滞后平均水平 2～3年。

正是基于这种判断，本书对我国人口转变与教育因素之间的关系提出两个观点。一是从教育学角度看，我国人口转变完成是不彻底的、不完整的。虽然我国在 2000 年左右完成了人口的数量转变，但基于我国人口受教育水平相对滞后，我国人口质量转变并没有跟上数量转变，这样就对人口转变完成后的战略方案留下了一个缺口，需要重视并谨慎对待。二是从发展方向来看，提高人口受教育水平，提升人力资本可成为应对人口数量转变完成后面临的系列挑战的重要砝码。基于我国人口实现数量转变的独特性，其带来的挑战也是空前的，应对这些挑战，除了从人口内部的数量、结构、布局等方面寻找机会，也可以从人口外部的经济、环境、社会等方面寻求出路，而提升人口质量，促使我国从人力资源大国向人力资本强国迈进，关键就在于促使我国快速完成人口质量转变，使得我国人口数量转变与质量转变同步进行。本书的研究结论从人口学角度进一步证实了这一方向的紧迫性与可行性。

第四节　人口转变理论的演进及态势

人口转变理论自形成至今，已经历了多种变体，但是，人口转变理论的演进过程是有规律可循的。本节尝试梳理人口转变理论的发展过程，概括人口转变理论演进的基本框架，在此基础上，探讨人口转变理论的未来发展态势。

一　人口转变理论演进过程简述

在本章第一节中，已对人口转变的代表性理论进行了说明，本节将纵向梳理人口转变理论的演进过程，以时间为线索，探讨人口转变理论演进的基本轨迹。如前所述，人口转变理论形成于 1934 年法国人口学者兰德里，之后，人口转变理论在各个国家人口转变的实践基础上，经过不断的修正与补充，由经典人口转变理论发展为现代人口转变理论，并最后转向"第二次人口转变论"或被中国学者称为"后人口转变论"，人口转变理论的演进过程可用表 3 – 5 和图 3 – 9 来简略表示。

表 3 – 5　人口转变理论演进过程

提出时间（年份）	代表人物（国籍）	理论名称	主要观点
1929	汤普森（美国）	人口转变论	根据人口出生率与死亡率的变动,把世界人口发展过程分为三类地区,相当于概括人口发展的三个阶段,并试图适用于其他国家
1934	兰德里（法国）	人口转变论	根据西欧特别是法国的人口统计资料,结合人口出生率和死亡率的变动,分析人口发展趋势。首次提出人口转变的三个阶段,并称这种转变为"人口革命",并把人口发展过程看作与社会经济条件密切相关的过程
1945	诺特斯坦（美国）	三阶段论	根据人口自然变动,把人口发展分为具有较高增长潜力的或者转变增长尚未开始的人口,转变中的人口和已经完成转变的人口三个阶段
1947	布莱克（英国）	人口转变五阶段论	把经济变动过程与人口发展过程有机结合,把人口转变分为高位静止、早期扩展、后期扩展、低位静止和减退五个阶段
1953	诺特斯坦（美国）	四阶段论	结合农业社会向工业社会转变过程,把人口转变分为工业化以前的阶段、工业化初期阶段、工业化进一步发展阶段和完全工业化阶段四个阶段

续表

提出时间（年份）	代表人物（国籍）	理论名称	主要观点
1957	莱宾斯坦（美国）	三阶段论及其修正模型	按社会经济发展状况与人口自然变动，分为传统习俗社会、现代社会前期和现代社会三个阶段。之后，他试图把人口增长与经济增长结合在一起，把人口作为经济增长的内生变量，分析人口变动过程的临界点
1958	C.P. 金德伯克、B. 赫里克（美国）	四阶段论	根据出生率与死亡率变动，结合经济发展，把人口转变分为四个阶段
1963	戴维斯（美国）	多方面反应理论	从微观方面解释人口转变动因，个人决策取决于个人而不是国家的目的
1966	寇尔（美国）	人口转变的标准模式	根据模型生命表，提出人口转变五阶段的定量标准
1982	C. 彼得、R. 拉金（美国）	五类型，五阶段模型	把人口转变的五个阶段与所属国家或地区对应起来分析，说明加速世界现代化进程来解决人口问题
1985	伊斯特林（美国）	生育率经济学代表之一	生育率变动是现代化的结果
1986	Van de Kaa（荷兰）、Lesthaeghe（比利时）	第二次人口转变	人口转变完成后，低生育率条件下的人口转变研究
1995	邬沧萍、穆光宗（中国）	低生育研究	人口转变完成后，低生育率条件下的人口转变研究
2000	于学军（中国）	后人口转变论	人口转变完成后，低生育率条件下的人口转变研究

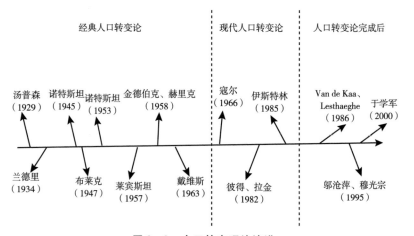

图 3－9　人口转变理论演进

二　人口转变理论的基本框架

从人口转变理论的演进轨迹中可知，人口转变理论的发展具有一定的规律性。概观人口转变理论的演进，可梳理如下几条发展线索。

首先，人口转变理论的研究对象由宏观逐渐转向微观。人口转变论自形成之始，它本身就是超越以总人口为研究对象的适度人口研究，而把研究对象更具体化，研究人口的内在结构——出生率与死亡率。也就是说，就人口转变理论本身而言，它在人口理论发展史上是由宏观转向微观，由抽象转向具体的理论。但在人口转变理论本身的发展过程中，它也同样经历了一个由宏观转向微观，由抽象转向具体的发展过程。在经典人口转变理论阶段，人口转变理论主要关注的是出生率、死亡率与自然增长率的变化，并部分结合社会经济的变化进行考察。到现代人口转变论阶段，人口转变理论关注的问题更具体化，如对生育率的深入研究，对人口受教育程度与人口转变关系的研究等，人口转变的归因研究也更具体，解释的维度也更多样，并在不同国家与地区形成了适合各自人口实情的人口转变模式。

其次，人口转变理论的研究视角由单一走向多元。人口转变主要是从人口的出生率、死亡率和自然增长率的变动入手，观察人口发展过程的基本规律，这一视角是所有人口转变理论的基本视角。在经典人口转变理论阶段，不同的理论派别除了对人口发展过程的阶段划分有所区别外，其他的差异并不大，一般是结合社会经济变化（如工业化发展过程、经济发展程度等）的过程，把人口转变的不同阶段对应于社会经济发展的不同阶段，由此来解释人口与社会经济的发展。到现代人口转变论之后，研究的视角趋向多元，人口转变过程虽然表现为人口发展的过程，但它与社会、经济、教育、文化等的变动都有直接与间接的联系，因此，综合人口转变的不同原因，从不同的视角研究人口转变过程，构成了现代人口转变论的多种理论。如结合现代化进程，人口转变过程被认为是与现代化进程同步进行的，而且，人口转变过程与特定地区的文化价值等因素有直接联系，妇女的受教育程度也影响了人口转变的快慢与模式等。总之，在人口转变理论的演进过程中，研究的视角由单一转向多元，人口转变理论成为多个学科、多个领域共同关注的综合性问题。

再次，人口转变理论的研究方法由定性为主转向定性与定量结合。方法论的发展使人口转变论逐渐走向科学，并由此进一步验证了早期人口转变论提出的合理性。在经典人口转变理论阶段，理论的提出主要是根据定量的资料，结合经验进行定性归纳的，人口转变的阶段也是定性划分的，并没有一个量化的标准。到寇尔根据模型生命表提出人口转变化的标准模式后，人口转变的定量化研究加强，人口转变的不同阶段划分有划分的标准，尽管标准各异，但它至少表明了人口转变理论在研究方法上开始走向科学化，人口转变理论也可以进行量化分析与比较，进而为其他学科（如经济学）研究人口转变理论，构建人口转变的相关模型奠定了基础。

综上所述，人口转变理论作为人口理论中的一部分，它的发展过程是有规律的，若对人口转变理论的演进过程进行归纳，人口转变理论的发展框架可用图 3 - 10 来简略表示。

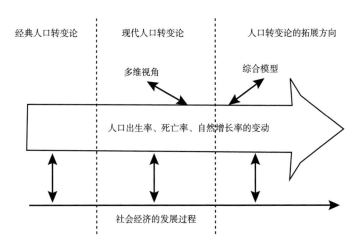

图 3 - 10　人口转变理论演进的基本框架

三 人口转变理论的发展态势

综述人口转变理论的演进过程，从当前人口转变理论研究的动向来看，人口转变理论的未来发展态势可归纳为如下三个方面。

首先，人口转变理论向综合化方向发展。就人口转变理论的演进过程来看，人口转变理论的研究视角由单一走向多元，但多元之后形成了不同流派的争论，对人口转变理论本身并没有形成统一的见解，因此，在多元的研究视角之后，人口转变理论需要综合不同的研究，提炼人口转变论的综合性模型。由此，在人口转变理论百家争鸣的基础上，人口转变理论走向综合化，对现实的人口发展问题的解释力也就更强了。

其次，人口转变理论要探讨人口转变完成后的发展方向。在人口转变完成后，人口问题并没有减少。以中国为例，随着我国人口进入低生育状态，人口的老化、劳动力短缺、出生性别比偏高、独生子女问题等人口问题层出不穷，人口转变完成后，人口转变理论的发展方向将是什么，是被新的理论所替代，还是在人口转变理论的基础上继续拓展，这都是人口转变理论后续需要解决的问题。在人口转变论提出伊始，当时并没有出现人口转变过程所经历的现象，因此，在人口转变完成之际，能否前瞻性地提出未来人口发展的理论，将是人口理论发挥预见性、前瞻性功能的重要契机。

最后，人口转变理论要研究具体的转变模式。尽管人口转变论已成为解释当前人口发展过程的基本理论，但在具体国家的适用范围是不一样的，不同的国家有着不同的人口转变模式。同样地，在人口转变的多种影响原因中，可能在某一国家起主要作用的，而在另一个国家却作用甚微。例如，在我国的人口转变中，人口政策的强干预性直接加速了我国人口转变的过程，人口数量转变与人口质量提升并没有同步进行。因此，在人口转变理论成为基本的解释理论背景下，特定国家与地区仍需要结合各自的实情，研究自己人口转变的独特模式，这种研究既是确切了解自己国情的需要，也是对人口转变一般理论的补充与完善。

第四章

赢取教育红利的政策建议

　　中国快速实现的人口数量转变留下了较多的人口发展问题，如何实现人口数量转变与质量转变同步，是解决当前中国众多人口问题的根本。当前，人们已普遍意识到，人口质量提升是未来人口发展的大方向，提升人口质量是实施创新驱动战略的基石。教育红利指在人口的年龄结构中，劳动力人口的受教育程度快速提高与积累的一个时期，在教育红利期内，受过教育（特别是高等教育）的劳动力人口占总人口的比重迅速提高，从而为社会经济发展创造有利的人力资源条件。本章第一节对教育红利的概念与提出依据、背景及意义作了简要概述，认为教育红利的提出丰富与深化了人口转变理论，也将是对积极的、扩大的教育投资战略正确性的历史性验证。教育红利的获得在时间上显然要长于人口红利，而且可以说它是无时间限制的，教育红利更多的是教育投资的结果。第二节对教育红利进行了具体估算，并结合人口转变理论对我国人口质量转变的判断标准进行了数量界定。根据估算，我国人口转变完成的下限标准在 2005 年左右已基本达到，人口数量转变的上限标准在 2005 年左右也已基本达到，但人口质量转变的标准尚有较大的差距，按照当前教育的发展水平，完成的时间要在 2040 年左右，我国人口受教育程度的滞后性十分明显。第三节结合我国当前教育发展战略，就保证我国教育红利的获得提供政策建议。一方面要优先发展教育，完善教育持续与稳定增长的机制，确保教育红利在量上的累积；另一方面要优化教育质量与结构，为社会经济发展提供优质的人力资源支持。

第一节　教育红利

尽管根据教育的判断标准，我国人口转变尚未完成。但从发展趋势来看，随着我国人口受教育程度的大幅度提高，我国人口由数量转变完成向人口质量转变完成的目标将指日可待。在人口数量转变完成之后，我国面临一个有利于经济发展的"人口红利"期，我们呼吁要抓紧利用好这个"人口机会视窗"，促进社会经济的发展。与此同时，随着我国人口质量转变的完成，在紧跟"人口红利"期之后，我国将面临一个人力资本快速积累，人口受教育程度大幅度提高的"教育红利"期，人口数量转变后面临的系列挑战（如人口老龄化、劳动力短缺等），除了从人口数量自身出发寻找对策，人口质量的提升也是一个不能忽视的重要方面，"教育红利"正是人口质量提升中的一个有利阶段。

一　教育红利的提出

"教育红利"概念是对应于"人口红利"概念而提出的。清华大学胡鞍钢教授曾把"教育红利"定义为通过各类人口进行人力资本投资所形成的"回报"，这就与教育投资收益率概念类同，且与人口的年龄结构无关。在本书中，根据"人口红利"的概念界定，把"教育红利"概念与人口的年龄结构相联系，认为"教育红利"指在人口的年龄结构中，劳动力人口的受教育程度快速提高与积累的一个时期，在教育红利期内，受过教育（特别是高等教育）的劳动力人口占总人口的比重迅速提高，从而为社会经济发展创造有利的人力资源条件。

人口红利的形成，是人口数量变动的结果。在人口数量变动过程中，形成了一个特定的时期，在这个时期内，劳动力人口（15～64 岁）所占比重较高，劳动力资源丰富，人口负担较轻。年龄结构的这种变化将带来劳动力增加、储蓄和投资增长、人力投资增加和妇女就业机会增加等，从而对社会经济发展有利。人口红利的出现是有时间限制的。据研究，我国当前正处于这个人口红利期内，并将会在 20 年左右结束。

例如，根据世界银行 2007 年发展报告，我国的青年人口在 1978 年左右达到顶峰，人口红利保持大约 40 年，并主要取决于生育率下降的速度，然后会重新关闭。田雪原、王金营、周广庆的研究表明，若以从属比0.5 作为"人口盈利"的判断标准，则我国将经历 1990～2030 年长达40 年的"盈利"阶段；若以从属比 0.45 作为"人口盈利"的判断标准，则我国将经历1995～2020 年长达 25 年的"盈利"阶段，"人口盈利"的峰值是在 2009 年。① 胡鞍钢认为，中国人口红利的峰值是在2015 年，然后不断下降，到 2035 年基本结束。②

教育红利的形成是人口质量变动的结果。前述研究表明，在我国人口转变过程中，人口的质量也在同步提升。在一个特定时期内，劳动力人口的受教育程度大幅度提升，人力资本快速积累，从而为社会经济发展积累丰富的人才资源，推动我国由人口大国向人力资本大国转型。教育红利的形成，主要是教育投资的结果，但也与教育人口的年龄结构紧密相关。以我国为例，在学龄人口比重较大的时期，采取积极措施投资教育，提高各级学龄人口的入学率，就为教育红利的出现奠定了基础。

事实上，人口红利的获得与否，与教育投资也是直接相连的。亚洲开发银行在《2008 年亚洲发展展望》报告中指出，亚洲发展中国家如果不投资于教育和培训体制，加强其劳动力与现代化经济需求的关联性，亚洲国家可能无法获得人口红利。亚洲开发银行首席经济学家艾弗兹·阿里说，各国必须在未来 20 年或 30 年之内把握住增长机遇，提供有利的政策环境，巩固体制框架，才能获得人口红利。同样，国内学者都阳曾经指出，经济发展环境和市场制度是利用人口红利的基本前提。③

---

① 田雪原、王金营、周广庆：《老龄化——从"人口盈利"到"人口亏损"》，中国经济出版社，2006。
② 胡鞍钢：《中国中长期人口综合发展战略（2000—2050）》，《清华大学学报》（哲学社会科学版）2007 年第 5 期。
③ 陈卫、都阳、侯东民：《是人口红利？还是人口问题？》，《人口研究》2007 年第 2 期。

在人口红利出现之前或初期，如果保持大规模的投资教育的政策，让青少年人口普遍接受教育，那么，随着人口红利的结束，继之而来的将是一个高质量的劳动力人口阶段，即教育红利期。在这个阶段，劳动力人口的平均受教育年限快速提高，劳动力人口的素质适应经济转型发展的要求，社会的人力资本积累雄厚，社会经济可以持续发展。

教育红利的获得，在时间上显然要长于人口红利，而且可以说它是无时间限制的，教育红利更多的是教育投资的结果。在某一阶段内，如果教育投资持续增加，青少年人口入学率保持在高位水平，那么，随着这批人口的年龄递增，教育红利将持续影响这批人口的整个劳动历程。因此，对于教育红利，只要保持持续的教育投资，教育红利的获得将是持续递增的。

二 教育红利的数量界定

教育红利在数量上进行精确界定是比较难的，根据教育红利概念的内涵，通过数量方式对它作一些描述，旨在深化对问题的认识，而非完全采用此数量标准来判断教育红利的获得与否。经验表明，教育红利的获得是一个持续增进的过程，它并没有一个清晰的数量界限。前述研究表明，根据人口红利与人口转变的一般规律，教育红利的获得与人口质量转变的完成是同步的，因此，作为教育红利获得的标志，人口质量转变的完成标准也可以作为教育红利获得（或开始）的标志。据此，教育红利的综合性数量界定可采用总人口的平均受教育年限来界定。即当人口质量转变（即总人口平均受教育年限为 7～10 年）完成时，就标志着人口进入教育红利期，教育红利开始获得并持续增加。

除了综合性的衡量标准，教育红利与教育人口的年龄结构也是紧密相连的。因此，教育红利的数量界定也可采用分教育等级的教育人口比例来衡量。例如，在接受小学教育的人口中，采用接受过小学教育的劳动力人口数量（15～64 岁）占接受过小学教育总人口数量的比例来衡量，利用这个比例反映劳动力人口的质量情况。同理，在初中教育、高中（中专）教育、大学专科教育、大学本科教育以及研究生教育的不同教育等级中，分别采用类似比例来分项衡量人口教育红利的获得水平，并据此对人口转变完成后的教育红利进行综合评析。

在教育红利的数量界定中，除了采用一些具体指标进行描述分析外，由于教育人口红利与人口年龄结构相连，也可采用人口年龄结构金字塔对教育红利进行一些间接的描述。例如，可以根据分年龄分性别人口的平均受教育年限，通过绘制人口平均受教育年限的金字塔图来分析人口受教育程度的变动趋势，并据此对教育红利的变动过程进行衡量与判断。

三　教育红利提出的意义

教育红利是对应于人口红利而提出的，它是反映我国人口转变完成之后的人口质量特征的一种尝试，对深化人口转变理论、丰富我国人口质量研究有所启示。具体来说，在我国人口转变过程中，在人口数量转变的完成之际（或稍前），我国人口数量进入一个有利于社会经济发展的"人口红利"期，但这个时期的时机稍纵即逝。另外，我国人口数量转变完成之后，我国人口质量转变尚未完成，人口质量转变滞后于数量转变，随着人口质量转变的完成，我国劳动力人口的素质将有一个大幅度的提高，人力资本积累快速提升，我国人口将步入一个"教育红利"期，由此，随着人口红利的消失，只要扩大教育投资，保持各级教育入学率的稳定持续增长，我国教育红利将会持续增加，在一定程度上缓解人口红利消失之后的发展劣势，进而继续推动我国社会经济的持续发展。总之，通过大力发展不同层次的教育，积累足够的教育红利，实现我国向人力资本强国迈进，并保持我国人口红利消失之后的良性发展，这就是教育红利提出的基本意义。

教育红利的提出，是对人口转变理论的深化与拓展，具有一定的理论价值。教育红利是由人口转变理论的拓展而衍生的一个概念，它在体系上应归属于人口转变理论。前述研究表明，我国人口转变是包括人口数量与质量的共同转变，在人口数量转变之后，我国存在一个有利的人口红利期，在人口质量转变之后，我国同样存在一个有利的教育红利期。对于人口转变理论本身来说，人口红利和教育红利都不是它本身的研究内容，但由于它们是人口转变而带来的后果，因此，从广义上来说，这两部分内容仍属于人口转变理论的基本体系。教育红利的提出是对人口质量转变理论的深化与拓展，有利于加深对人口质量转变的系统思考，并能极大丰富我国人口质量转变的具体内容与应用方向。

教育红利的提出，也对实际中的人口与教育等问题研究有着重要的现实价值。首先，在人口红利期结束之后，我国人口发展将面临怎样的一个机遇，教育红利的提出，在理论上点明了人口发展的有利机遇，只要坚持一定规模（适度递增）的教育投资，教育红利的获得也将是持续增加的。在人口红利消失之后，我国仍有巨大的教育红利可以利用，人口质量的提升优势将替代人口数量的规模优势对社会经济发展发挥积极作用。其次，教育红利的提出，也进一步证实了我国扩大教育投资，积极发展各级教育的必要性与重要性。在我国人口数量优势逐渐弱化的过程中，通过教育来提升的人口质量优势将逐渐显现，人口的教育红利是在人口规律作用下对教育投资的巨大回报，也是对积极的、扩大的教育投资战略正确性的历史性验证。

四 教育红利对我国人口转变的作用

教育红利概念的提出，旨在为系统应对我国人口数量转变后面临的挑战提供一种思路，它与当前的国家政策及应对方略是一致的。教育红利的概念，是从国际经验与国内实践中总结归纳出来的，也尝试据此来统一思路，找准关键问题。如前所述，教育红利与人口红利本身不属于人口转变理论，而是人口转变之后的结果。教育红利是对我国完成人口质量转变之后的一个预想，它对人口转变理论本身具有如下两方面的作用。

一方面，教育红利的提出完善了人口转变理论，特别是对人口质量转变的系统性提供了补充。人口转变理论是一个不断完善与发展的体系，随着世界人口的发展与变动，有关人口转变的理论也在不断拓展。本书提出的教育红利就是根据人口转变理论的演变历程而推导出来的，它是符合人口转变理论发展趋势的。随着人口转变理论从关心人口自身的发展规律，到开始关注人口外界因素对人口发展的影响，再到综合分析人口发展与变动的系统模式，这一变化过程充分证实了人口转变的复杂性与多样性。据此，本书从教育学视界出发，以人口转变中的教育因素为线索，梳理出一根据人口转变过程的教育之线，这就是本书研究的核心目标。教育红利就是对应于这根教育之线，在总结当前经验及对未来预测的基础上，提出的应对人口转变的教育方案，也是人口转变之后的人口对策之一。可见，教育红利不是一个单纯的概念，是在人口转变理论基本体系之中的一个分支，是对人口转变理论的完善与发展。

另一方面，教育红利的提出明确了人口转变后的努力方向。在人口数量转变后，我国人口学者提出了一个有利于经济发展的人口红利期，而且这个红利期正被使用。人口红利期的出现，是我国推行人口政策的结果，具有被动性，而且会给后期的发展留下隐患。教育红利虽然是对应于人口红利这个概念而提出的，但它与人口红利存有根本性的区别。一是教育红利的出现是需要条件的，教育红利是对人口质量的提升，需要以持续的教育投资为基础，是一种"先期有限投入，后期无限回报"的发展方式。二是教育红利形成后是无限的、多样的。相较于人口红利的人力资源的双重性（既是生产者，也是消费者），教育红利是对人力资本的累积。人力资本一旦形成，其发挥的作用是无限的、多样的，而不仅仅局限于提供充足的劳动力资源或智力资源。在时间上，可以长期使用；在空间上，可以自由流动；在方式上，除了作为智力资源用于生产与发展，其他也是提高社会整体质量，改良社会结构，促进社会整体和谐发展的重要支撑力量。

教育红利的这些优势及特点，就为人口数量转变后提供了努力方向。本书提出教育红利概念，也从人口学角度进一步证实了教育投资对我国持续发展的重要性与紧迫性。扩大教育投资，提高教育质量，提升人口素质，这都应成为21世纪我国人口与社会发展的战略重点。上述观点虽是民众的共识，但对这些共识进行充分论证，并从不同学科角度提供科学依据，就是本书研究的目标之一。

第二节 教育红利的估算

根据我国 2000 年人口普查中关于人口受教育程度的分年龄分性别的数据资料，按照教育红利估算的基本思路，可以对 2001～2050 年我国教育红利的获得情况进行估算，并据此判断我国人口质量转变完成的大致时间，我国人口转变之后面临的机遇与挑战，以及进一步论证持续发展教育的重要性与必要性。

一 教育红利估算的基本思路

根据教育红利的数量界定，要估算人口的教育红利，事实上就是要预测未来各年分年龄分教育等级的教育人口数，在分年龄分性别教育人口的基础数据之上，进一步研究人口受教育程度的年龄结构及各种比例。因此，估算人口教育红利的关键，即是预测未来分年龄分教育等级的教育人口数量。本书对教育红利的估算思路分为如下六大步骤。

（一）已有数据准备

根据 2000 年人口普查资料，已有的数据准备如下：分年龄分性别的小学教育人口数、分年龄分性别的初中教育人口数、分年龄分性别的高中教育人口数、分年龄分性别的中专教育人口数、分年龄分性别的大学专科教育人口数、分年龄分性别的大学本科教育人口数、分年龄分性别的研究生教育人口数。

在上述数据中，仅有 6～64 岁的教育人口数据，65 岁及以上的教育人口数据是汇总在一起的，根据研究需要，首先需要对 65 岁及以上的教育人口数据进行估算，求得 65～90 岁的教育人口数。本书采用 2000 年人口普查中总人口的人口年龄分布模式，对 65 岁及以上的教育人口数据进行估算。

此外，根据教育统计的口径，以及受不同教育等级的毛入学数据来源的制约，本书对教育人口的分类进行综合，分为小学教育、初中教育、高中阶段教育（包括高中与中专）和高等教育（包括大学专科、大学本科与研究生三个部分）四个层级。根据我国现有的学制，小学教育的人口受教育年限为 6 年，初中教育为 9 年，高中阶段教育为 12 年，高等教育为 16 年。

（二）估算的基本假定

由于受数据源的限制，本研究对教育红利的估算有以下两个基本假定。

1. 教育人口的死亡模式与总人口的死亡模式是相同的

在教育人口的年龄移算中，分年龄的教育人口死亡模式是未知的，根据现有的研究及数据来源，尽管从实际情况来看，不同教育等级的人口死亡概率之间存在一定程度的差异，但详细的数据及有结论性的研究尚未出现。因此，作为粗略估算，本研究对不同等级的教育人口死亡概率之间的差异忽略，假定它们与总人口的死亡概率是一致的。

2. 不同教育等级的入学适龄人口是按正常学制进入的

以小学教育为例，在现实情况中，6 岁儿童作为小学教育的入学年龄，但仍有许多儿童在 5 岁及以前或 7 岁及以后入学，但这部分数据很少有统计。在本研究中，由于总体目标是估算教育红利的总量，无论适龄人口在多少岁入学，只要教育发展保证一定的毛入学率，适龄人口都是能够按照一定毛入学率接受到教育的，因而也会成为教育红利的一部分，差异只在时间上稍前或滞后 1～2 年，而且，部分提前入学与延迟入学的人口之间也互有抵消，这样就会进一步减少了估算的误差。基于此，研究假定不同教育等级的入学适龄人口均按正常学制口径下的毛入学率入学，即小学入学的适龄人口是 6 岁，初中是 12 岁，高中与中专是 15 岁，高等教育是 18 岁。

（三）分年龄总人口的预测

2001～2050 年分年龄总人口数的预测方法是比较成熟的，在人口预测的多种方法中，其差别主要表现在对下列三类指标的估算上：一是关于我国"五普"数据的时点及漏报数据的调整；二是对总和生育率的估计；三是对城乡人口迁移程度的估算。本文采用王金营教授承担的国家人口发展战略课题的预测方案，即通过对"五普"数据进行回填和估算，估算出 2000 年 7 月 1 日的数据作为预测基础，然后分别考虑城乡不同的生育模式，结合城市化进程因素分别进行城乡人口预测。[①]未来分年龄总人口的预测为分年龄分不同教育等级的教育人口预测提供了基础数据，本研究采用王金营教授承担的国家人口发展战略课题的"中方案"预测数据。

（四）每年新增加的教育人口数

根据不同教育等级的入学适龄人口的入学假定，每一年的新增加教育人口分别是当年对应岁数的人口数与不同教育等级的入学率之积。根据上述假定，小学新增加的教育人口是当年 6 周岁人口与当年入学率之积，同理，其他不同教育等级的新增加教育人口均是如此。

（五）分年龄分性别的人口死亡概率的估算

在教育人口的预测过程中，需要知道各年分年龄分性别的死亡概率。根据教育人口的死亡概率模式与总人口死亡概率模式相同的假定，已知 2000 年分年龄分性别的死亡概率模式，若假定未来的死亡概率模式不变，则根据联合国预期寿命的步长法经验值[②]，可以采用迭代法推算未来分年龄分性别的死亡概率。

（六）分年龄教育人口的年龄移算

在已知分年龄分性别人口死亡概率与每年新增加的教育人口基础上，每年的不同教育等级的教育人口数可以通过人口的年龄移算来实现。即当年的教育人口为上一年留存的教育人口与当年新增加的教育人口之和。

---

① 田雪原、王金营、周广庆：《老龄化——从"人口盈利"到"人口亏损"》，中国经济出版社，2006。

② 田雪原：《人口学》，浙江人民出版社，2003。

二 关于各级教育毛入学率的估算

在教育红利估算过程中，除了人口变动的基础性影响外，各级教育的入学率也是直接影响教育红利大小的决定性指标。教育红利本质上就是通过利用教育人口的年龄结构优势，在扩大投资教育，稳定并有序地提升各级教育入学率基础上的一种教育回报。因此，未来各年各级教育的入学率情况，对教育红利的估算影响有着决定性的影响。

在各级教育入学率的指标上，以毛入学率指标最为常用，它是指某级教育的在校生数总和占对应教育等级适龄人口总数的比例。以高等教育毛入学率为例，关于高等教育毛入学率的计算方法很多，有学者总结出 8 种统计口径。① 目前，我国通用的统计口径是以高等教育在校生数为分子，以 18～22 岁的适龄人口为分母的方法②，具体计算公式如下：

高等教育毛入学率 =

（研究生 + 普通高校本专科 + 成人高校本专科 + 军事院校 +

学历文凭考试 + 电大注册视听生人数 ×0.3

＋高等教育自学考试毕业生 ×5）／（18～22 周岁的人口数）×100%

在各级教育毛入学率的估算上，由于此指标是一个综合性指标，影响它的因素错综复杂，难以采用简单的模型进行预测。仍以高等教育毛入学率估算为例，我国高等教育毛入学率是多种因素的综合结果③，对未来我国高等教育毛入学率的预测，需要先预测影响我国高等教育毛入学率变化的各种变量。但从实际情况来看，这种预测方法不易实现。事实上，高等教育的发展变化是与国家的宏观规划紧密联系在一起的，根

---

① 唐德海：《高等教育毛入学率计算中的分子与分母》，《有色金属高等研究》1999 年第 4 期。

② 纪宝成：《关于"高等教育毛入学率"问题》，《中国教育报》1999 年 1 月 16 日；谢作栩：《中国高等教育大众化发展道路的研究》，福建教育出版社，2001。

③ 米红、周仲高：《中国高等教育发展影响因素的模式识别与实证研究》，福建教育出版社，2004。

据国家的总体规划目标来确定教育的发展目标①，对实际工作是有指导意义的。根据世界高等教育发展的一般规律，高等教育的发展阶段普遍需要经历三个阶段，即"精英化—大众化—普及化"，根据多数国家高等教育的发展过程，高等教育达到普及化程度的国家一般都处于现代化程度较高的水平，即处于中等发达国家水平。按照这种思路，根据我国"三步走"的发展战略，到 2050 年，我国人均国民生产总值达到中等发达国家水平，人民生活比较富裕，基本实现现代化。从高等教育发展来看，到 2050 年，我国高等教育应该实现普及化，高等教育毛入学率达到 50% 以上。

按照这种依据发展规划来设定目标的分析思路，对各级教育的毛入学率估算只要设定目标终期的理想值，阶段性目标可通过线性拟合进行粗略估算。根据我国教育发展战略，各级教育的中长期发展规划以及胡鞍钢教授的估算情况②，本书对 2050 年我国各级教育毛入学率的理想值分别设定如下，即小学教育毛入学率为 100%，初中教育毛入学率为 100%，高中阶段教育毛入学率为 95%，高等教育毛入学率为 60%。2001~2050 年各级教育毛入学率估算情况如表 4-1 和图 4-1 所示。

表 4-1　2001~2050 年各级教育毛入学率估算

单位：%

年份	小学教育	初中教育	高中阶段教育	高等教育
2001	100	88.7	42.8	13.3
2002	100	90	42.8	15
2003	100	92.7	43.8	17
2004	100	94.1	48.1	19
2005	100	94.23	49.12	19.89

① 尹文耀：《21 世纪中国人口变动与教育现代化目标预测论证和规划建议》，载国务院人口普查办公室、国家统计局人口和社会科技统计司编《转型期的中国人口》，中国统计出版社，2005。

② 胡鞍钢：《中国中长期人口综合发展战略（2000—2050）》，《清华大学学报》（哲学社会科学版）2007 年第 5 期。

年份	小学教育	初中教育	高中阶段教育	高等教育
2006	100	94. 36	50. 14	21
2007	100	94. 48	51. 16	22
2008	100	94. 61	52. 18	22. 57
2009	100	94. 74	53. 2	23. 46
2010	100	94. 87	54. 22	24. 35
2011	100	95	55. 24	25. 24
2012	100	95. 13	56. 26	26. 13
2013	100	95. 25	57. 28	27. 02
2014	100	95. 38	58. 3	27. 91
2015	100	95. 51	59. 32	28. 8
2016	100	95. 64	60. 33	29. 7
2017	100	95. 77	61. 35	30. 59
2018	100	95. 9	62. 37	31. 48
2019	100	96. 02	63. 39	32. 37
2020	100	96. 15	64. 41	33. 26
2021	100	96. 28	65. 43	34. 15
2022	100	96. 41	66. 45	35. 04
2023	100	96. 54	67. 47	35. 93
2024	100	96. 67	68. 49	36. 83
2025	100	96. 79	69. 51	37. 72
2026	100	96. 92	70. 53	38. 61
2027	100	97. 05	71. 55	39. 5
2028	100	97. 18	72. 57	40. 39
2029	100	97. 31	73. 59	41. 28
2030	100	97. 43	74. 61	42. 17
2031	100	97. 56	75. 63	43. 07
2032	100	97. 69	76. 65	43. 96
2033	100	97. 82	77. 67	44. 85
2034	100	97. 95	78. 69	45. 74
2035	100	98. 08	79. 71	46. 63
2036	100	98. 2	80. 73	47. 52
2037	100	98. 33	81. 75	48. 41
2038	100	98. 46	82. 77	49. 3
2039	100	98. 59	83. 78	50. 2
2040	100	98. 72	84. 8	51. 09

续表

年份	小学教育	初中教育	高中阶段教育	高等教育
2041	100	98.85	85.82	51.98
2042	100	98.97	86.84	52.87
2043	100	99.1	87.86	53.76
2044	100	99.23	88.88	54.65
2045	100	99.36	89.9	55.54
2046	100	99.49	90.92	56.43
2047	100	99.62	91.94	57.33
2048	100	99.74	92.96	58.22
2049	100	99.87	93.98	59.11
2050	100	100	95	60

注：2001～2016 年的数据为实际值，其他年份的数据为估算值，以下表同。

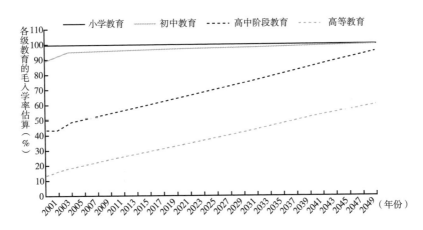

图 4-1　2001～2050 年各级教育毛入学率估算结果

三　中国教育红利的估算情况

根据教育红利估算的方法，2001～2050 年教育红利的具体结果可以通过编程实现。根据教育红利的数量界定，教育红利的指标分别采用人口平均受教育年限与不同教育等级的教育人口占劳动力人口的比例来衡量。

（一）分年龄分等级的教育人口数量估算

本书根据教育红利的估算思路与方法，通过编程对 2000～2050 年我国分年龄分等级的教育人口数量作了预测，这些数据是估算教育红利的基础（见表 4 - 2、表 4 - 3、表 4 - 4 和表 4 - 5）。

表 4 - 2 2000～2050 年主要年份分年龄的小学教育人口数量

单位：人

岁组	2000 年	2010 年	2020 年	2030 年	2040 年	2050 年
6～9 岁	68802131	71599323	77011405	73282554	59269224	59618974
10～14 岁	81708926	38868930	39157100	36208116	28669459	29102367
15～19 岁	14114989	5218625	3980093	3067137	1707741	473154
20～24 岁	16306700	37576503	4282083	3439627	2263063	919656
25～29 岁	28202489	13999085	5176950	3951463	3045957	1696246
30～34 岁	37077957	16141772	37215067	4244357	3410732	2244672
35～39 岁	27539525	27863850	13846905	5121569	3911698	3016393
40～44 岁	26436734	36515081	15914485	36704824	4188898	3368012
45～49 岁	38631073	26989239	27326968	13604058	5027562	3844186
50～54 岁	32941579	25604576	35497080	15495952	35721284	4082343
55～59 岁	21990855	36762676	25880338	26225907	13084668	4825988
60～64 岁	18761378	30387277	23811625	33277860	14535912	33458966
65 岁及以上	29099016	43826322	75522782	83457544	24664925	69303813

资料来源：本书估算。

表 4 - 3 2000～2050 年主要年份分年龄的初中教育人口数量

单位：人

岁组	2000 年	2010 年	2020 年	2030 年	2040 年	2050 年
6～9 岁	27616	0	0	0	0	0
10～14 岁	42082284	45207600	50789010	52376957	43271483	45560302
15～19 岁	57958703	38640252	31853631	25398047	14982835	5172254
20～24 岁	50025697	45219360	33834239	27960005	19185943	8592108
25～29 岁	61513568	57463678	38333216	31624575	25222720	14882074
30～34 岁	63992259	49499102	44787886	33536215	27725164	19030080

续表

岁组	2000 年	2010 年	2020 年	2030 年	2040 年	2050 年
35~39 岁	51524551	60731323	56810188	37924912	31306413	24977991
40~44 岁	29808358	62939229	48767202	44183225	33098178	27378037
45~49 岁	27443374	50384258	59481709	55760892	37233631	30766341
50~54 岁	15603769	28779985	61037442	47426106	43029850	32256652
55~59 岁	10108762	26010953	48108001	56939020	53533514	35753637
60~64 岁	5675105	14308628	26576257	56909770	44371550	40394265
65 岁及以上	6622562	14284200	38210688	80344192	25081993	168053910

注：1. 表头年份因研究人口数量转变（2002 年完成）需要，选择的时间点是从 2000 年开始的，因此对应的教育人口估算也是此段时间，因现已到 2018 年，估算值结果也可与实际值进行比照，验证研究的准确性。

2. 6~9 岁组人数较小是符合实际的，因为与受教育程度等级相关，9 岁完成初中的人数很少，2000 年是实际值，后面年份都不再估算此值了。其他表格此项均为类似原因。

资料来源：本书估算。

表 4-4 2000~2050 年主要年份分年龄的高中阶段教育人口数量

单位：人

岁组	2000 年	2010 年	2020 年	2030 年	2040 年	2050 年
6~9 岁	189	0	0	0	0	0
10~14 岁	661266	0	0	0	0	0
15~19 岁	26422246	37664481	45863461	56259644	55627237	52512937
20~24 岁	18519795	30295757	31947756	35631949	34998129	27048554
25~29 岁	17270763	24021090	31157806	34475578	37979678	34040852
30~34 岁	15623305	18325220	30007967	31666919	35333273	34714582
35~39 岁	20595545	17049816	23743216	30826767	34129617	37612283
40~44 岁	16930222	15364985	18055616	29606117	31254789	34892523
45~49 岁	8638040	20123555	16696814	23292347	30267165	33543285
50~54 岁	4669842	16356393	14899461	17563313	28842167	30464147
55~59 岁	3594490	8193593	19177492	15979589	22329582	29070164
60~64 岁	2664623	4278327	15128907	13890530	16444027	27099233
65 岁及以上	2693135	5830627	12350644	37575977	9310416	57838070

资料来源：本书估算。

表4-5 2000～2050年主要年份分年龄的高等教育人口数量

单位：人

岁组	2000年	2010年	2020年	2030年	2040年	2050年
6～9岁	0	0	0	0	0	0
10～14岁	0	0	0	0	0	0
15～19岁	3428256	4311167	6874435	10942362	15574758	15910431
20～24岁	8101042	8125894	13558581	22469990	31715496	35049542
25～29岁	7867235	5197932	10485844	17884902	28761018	36685828
30～34岁	7030882	8015172	8049012	13439748	22282084	31459140
35～39岁	5900874	7766341	5137344	10374897	17706033	28483660
40～44岁	3156249	6912265	7896049	7942025	13265765	22005340
45～49岁	2688195	5762248	7605099	5038296	10187824	17403523
50～54岁	1776176	3042994	6698549	7678788	7739254	12932681
55～59岁	1367527	2544677	5486512	7277577	4825604	9788266
60～64岁	1349526	1622153	2800747	6235717	7185791	7277293
65岁及以上	1320799	2598312	4459611	9792622	2793404	19973638

资料来源：本书估算。

　　可见，21世纪中叶之前，我国分年龄分教育等级的教育人口总量是快速递增的。小学教育与初中教育的人口数量随着时间推移将逐步下降，而高中阶段教育与高等教育的人口数量将随着时间推移逐步上升（见图4-2、图4-3、图4-4和图4-5）。

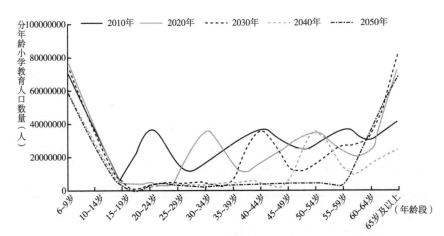

图4-2　2010～2050年主要年份分年龄的小学教育人口数量变化

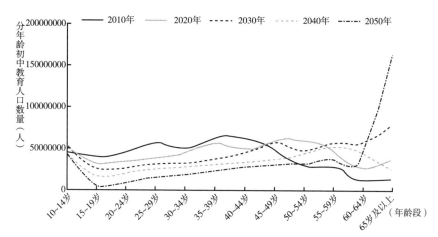

图 4-3 2010~2050 年主要年份分年龄的初中教育人口数量变化

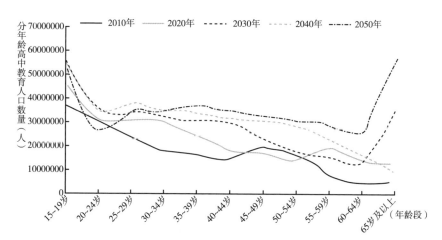

图 4-4 2010~2050 年主要年份分年龄的高中阶段教育人口数量变化

（二）人口平均受教育年限的估算

如前所述，人口平均受教育年限是综合反映人口受教育程度的一个重要指标，其计算公式如下：

$$EN = \frac{\sum_{0.25}^{22} N_t \times PE_i}{P} \times 100\%$$

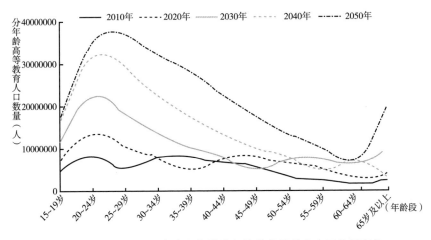

图 4 – 5 2010 ~ 2050 年主要年份分年龄的高等教育人口数量变化

其中，EN 是指人口平均受教育年限，N_t 为受教育年数，$t = 22$，19，16，15，12，9，6，0.25，PE_i 为具有 i 级受教育人口数，P 为相应的人口总数。在本书中，小学教育受教育年数设定为 6 年，初中教育为 9 年，高中阶段教育为 12 年，高等教育由于分项数据缺失，统一采用 16 年来统计。对于在学人口的教育年限计算，统一依据各级教育毛入学率的分母口径，并统一取对应等级教育年限的平均值来计算，即 6 ~ 11 岁的小学教育人口，其教育年限为 3 年；12 ~ 14 岁的初中教育人口，其教育年限为 7.5 年；15 ~ 17 岁的高中阶段教育人口，其教育年限为 10.5 年；18 ~ 22 岁的高等教育人口，其教育年限为 14 年。按照上述估算方法，可以对 2001 ~ 2050 年人口的平均受教育年限进行估算，并以此衡量教育红利的变化过程与累积水平。

1. 人口平均受教育年限的综合估算

在人口平均受教育年限的计算过程中，根据分子与分母的不同，人口平均受教育年限有四种口径：第一，总人口的平均受教育年限 $EN_{总}$，它是以总人口的受教育程度总和为分子，以总人口为分母的平均值；第二，6 岁以上人口的平均受教育年限 EN_{6+}，它是以 6 岁以上人口的受教育程度总和为分子，以 6 岁以上人口为分母的平均值；第三，15 岁以上人口的平均受教育年限 EN_{15+}，它是以 15 岁以上人口的受教育程度总和为分子，以 15 岁以上人口为分母的平均值；第四，劳动力人口的平均受教育年限 $EN_劳$，它是以 15~64 岁人口的受教育程度总和为分子，以 15~64 岁人口为分母的平均值。按这四种口径，根据教育红利的预测数据，2000~2050 年我国人口平均受教育年限如表 4-6 和图 4-6 所示。

表 4-6　2000~2050 年我国人口平均受教育年限

单位：年

年份	$EN_总$	EN_{6+}	EN_{15+}	$EN_劳$
2000	6.6108	7.1881	7.8282	8.5168
2001	6.6808	7.2646	7.9022	8.6121
2002	6.7540	7.3408	7.9437	8.6762
2003	6.7817	7.3720	7.9281	8.6783
2004	6.8429	7.4425	7.9780	8.7521
2005	6.9193	7.5465	8.0737	8.8447
2006	6.9675	7.5909	8.1029	8.8799
2007	7.0276	7.6419	8.1522	8.9523
2008	7.0792	7.6866	8.1866	9.0072
2009	7.1155	7.7175	8.1843	9.0293
2010	7.1875	7.7982	8.2774	9.1215
2011	7.2315	7.8628	8.3397	9.1898
2012	7.2744	7.9114	8.3830	9.2636
2013	7.4006	7.9570	8.5428	9.4891
2014	7.3612	8.0007	8.4846	9.4559
2015	7.4298	8.0881	8.5869	9.5708
2016	7.4907	8.1527	8.6599	9.6674
2017	7.5417	8.1945	8.7082	9.7785
2018	7.5883	8.2317	8.7547	9.8967
2019	7.6278	8.2624	8.7915	10.0130
2020	7.7144	8.3477	8.8967	10.1482
2021	7.7696	8.4126	8.9759	10.2634
2022	7.8183	8.4520	9.0217	10.3791
2023	7.8255	8.4515	9.0183	10.4327
2024	7.8974	8.5264	9.0980	10.5507
2025	7.9254	8.5593	9.1296	10.6076
2026	7.9584	8.6122	9.1564	10.6373
2027	7.9678	8.6126	9.1764	10.6919
2028	7.9911	8.6297	9.1910	10.8479
2029	7.9383	8.5588	9.0625	11.0130

续表

年份	$EN_总$	EN_{6+}	EN_{15+}	$EN_劳$
2030	8.4564	9.0013	9.5312	11.1687
2031	8.5160	9.0844	9.6154	11.3078
2032	8.5692	9.1394	9.6499	11.4142
2033	8.6168	9.1875	9.6761	11.5572
2034	8.6561	9.2264	9.6833	11.7088
2035	8.6949	9.2646	9.7203	11.9087
2036	8.7192	9.2962	9.7543	12.1376
2037	8.7364	9.3100	9.7827	12.2863
2038	8.7546	9.3248	9.8142	12.3937
2039	8.7609	9.3269	9.8086	12.4781
2040	9.0660	9.6737	10.2301	12.6064
2041	9.1411	9.7644	10.3391	12.6799
2042	9.1718	9.7865	10.3636	12.7392
2043	9.1446	9.7469	10.3202	12.6771
2044	9.2089	9.8052	10.3787	12.7858
2045	9.2149	9.8026	10.3821	12.8090
2046	9.2169	9.8075	10.3794	12.8562
2047	9.2105	9.7968	10.3668	12.9365
2048	9.2005	9.7820	10.3494	13.0136
2049	9.1888	9.7654	10.3298	13.0864
2050	9.5816	10.1953	10.8591	13.2375

资料来源：本书估算。

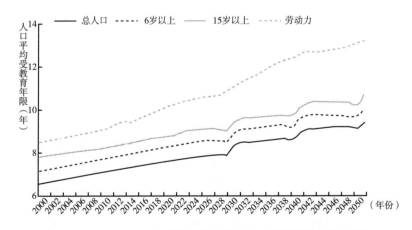

图4-6 2000~2050年我国四种口径的人口平均受教育年限变动

由图 4-6 和表 4-6 可知，随着我国教育的持续发展与人力资本的积累，我国人口平均受教育年限逐年提高。2000 年，我国总人口平均受教育年限为 6.61 年，劳动力人口平均受教育年限为 8.52 年，到 2050 年，总人口的平均受教育年限将提升到 9.58 年，劳动力人口平均受教育年限提升到 13.24 年。从劳动力人口来看，2008 年劳动力人口的教育程度达到初中毕业水平，到 2035 年左右达到高中毕业水平。

2. 分性别人口平均受教育年限的估算

人口平均受教育年限在性别方面的差异也是影响教育红利持续积累的重要因素之一。从 2000 年来看，不同统计口径的人口平均受教育年限的性别差别都是十分明显的，女性普遍比男性低 1 年左右。因此，要缩小人口平均受教育年限的性别差异，就需要从源头上开始着手。若假定男女在入学率上平等，则可以渐进地缩小差距。本书假定在后续的教育发展中，各级教育的入学率无性别差异，即坚持男女有着平等的受教育机会的原则，通过模拟测算，我国不同统计口径的分性别的人口平均受教育年限如表 4-7、图 4-7 和图 4-8 所示。

表 4-7 2000－2050 年我国分性别人口平均受教育年限

单位：年

年份	$EN_{总男}$	$EN_{总女}$	$EN_{6+男}$	$EN_{6+女}$	$EN_{15+男}$	$EN_{15+女}$	$EN_{劳男}$	$EN_{劳女}$
2000	7.0736	6.1448	7.7171	6.6578	8.4873	7.1726	9.1372	7.8942
2001	7.1239	6.2118	7.7683	6.7345	8.5285	7.2497	9.1995	7.9901
2002	7.1904	6.2924	7.8335	6.8223	8.5522	7.3102	9.2442	8.0754
2003	7.2168	6.3354	7.8603	6.8726	8.5249	7.3240	9.2344	8.1094
2004	7.2639	6.3985	7.9130	6.9475	8.5486	7.3847	9.2780	8.1964
2005	7.3385	6.4778	8.0140	7.0553	8.6343	7.4914	9.3527	8.3082
2006	7.3698	6.5360	8.0363	7.1142	8.6343	7.5407	9.3582	8.3638
2007	7.4306	6.6037	8.0881	7.1735	8.6804	7.6030	9.4237	8.4541
2008	7.4747	6.6637	8.1248	7.2271	8.7066	7.6468	9.4659	8.5229
2009	7.5026	6.7077	8.1470	7.2661	8.6928	7.6548	9.4732	8.5586
2010	7.5675	6.7890	8.2197	7.3572	8.7754	7.7605	9.5482	8.6706
2011	7.6012	6.8440	8.2735	7.4332	8.8214	7.8394	9.6000	8.7561
2012	7.6347	6.8971	8.3136	7.4913	8.8545	7.8937	9.6591	8.8455
2013	7.6675	6.9505	8.3498	7.5474	8.8828	7.9467	9.7180	8.9382

续表

年份	$EN_{总男}$	$EN_{总女}$	$EN_{6+男}$	$EN_{6+女}$	$EN_{15+男}$	$EN_{15+女}$	$EN_{劳男}$	$EN_{劳女}$
2014	7.7017	7.0054	8.3835	7.6019	8.9347	8.0182	9.8239	9.0667
2015	7.7572	7.0879	8.4568	7.7041	9.0172	8.1407	9.9154	9.2058
2016	7.7956	7.1626	8.4963	7.7841	9.0617	8.2312	9.9842	9.3182
2017	7.8472	7.2232	8.5394	7.8359	9.1122	8.2903	10.0941	9.4446
2018	7.8838	7.2805	8.5664	7.8844	9.1477	8.3488	10.1971	9.5791
2019	7.9127	7.3284	8.5860	7.9237	9.1728	8.3947	10.2974	9.7076
2020	7.9834	7.4344	8.6529	8.0312	9.2582	8.5239	10.4132	9.8677
2021	8.0256	7.5033	8.7022	8.1122	9.3205	8.6206	10.5156	9.9967
2022	8.0664	7.5608	8.7335	8.1607	9.3581	8.6757	10.6182	10.1265
2023	8.1000	7.6133	8.7623	8.2084	9.3890	8.7266	10.7116	10.2461
2024	8.1266	7.6603	8.7892	8.2554	9.4142	8.7740	10.7629	10.3267
2025	8.1444	7.6991	8.8122	8.2990	9.4340	8.8182	10.8049	10.3996
2026	8.2635	7.7435	8.8240	8.3635	9.5926	8.8585	11.0215	10.4473
2027	8.1658	7.7636	8.8435	8.3754	9.4555	8.8918	10.8540	10.5209
2028	8.1782	7.7983	8.8490	8.4047	9.4568	8.9202	10.9922	10.6955
2029	8.1098	7.7618	8.7605	8.3519	9.3067	8.8137	11.1299	10.8892
2030	8.6153	8.2925	9.1859	8.8115	9.7553	9.3023	11.2714	11.0600
2031	8.6625	8.3650	9.2554	8.9087	9.8231	9.4032	11.3965	11.2140
2032	8.7116	8.4228	9.3072	8.9673	9.8538	9.4423	11.4870	11.3370
2033	8.7541	8.4759	9.3511	9.0202	9.8749	9.4742	11.6130	11.4981
2034	8.7875	8.5213	9.3850	9.0646	9.8766	9.4874	11.7478	11.6675
2035	8.8202	8.5668	9.4175	9.1089	9.9071	9.5314	11.9294	11.8867
2036	8.8103	8.5984	9.4129	9.1479	9.9018	9.5728	12.0862	12.1479
2037	8.8475	8.6231	9.4486	9.1693	9.9552	9.6088	12.2602	12.3140
2038	8.8582	8.6491	9.4558	9.1921	9.9790	9.6484	12.3546	12.4353
2039	8.8567	8.6497	9.4498	9.1879	9.9646	9.6358	12.4254	12.5114
2040	9.1261	9.0046	9.7582	9.5875	10.3443	10.1145	12.5317	12.6862
2041	9.1877	9.0935	9.8334	9.6940	10.4361	10.2408	12.5965	12.7691
2042	9.2193	9.1233	9.8573	9.7144	10.4638	10.2625	12.6464	12.8384
2043	9.2426	9.1464	9.8725	9.7277	10.4820	10.2767	12.6573	12.8657
2044	9.2560	9.1610	9.8772	9.7324	10.4824	10.2746	12.6777	12.9015
2045	9.2612	9.1678	9.8744	9.7301	10.4863	10.2778	12.6954	12.9306
2046	9.2344	9.1715	9.8486	9.7367	10.4507	10.2758	12.6951	12.9820
2047	9.2533	9.1672	9.8653	9.7278	10.4692	10.2647	12.8140	13.0676
2048	9.2413	9.1592	9.8488	9.7150	10.4502	10.2490	12.8827	13.1540
2049	9.2270	9.1503	9.8296	9.7010	10.4281	10.2320	12.9499	13.2329
2050	9.5660	9.5975	10.2004	10.1901	10.8913	10.8268	13.0874	13.3989

资料来源：本书估算。

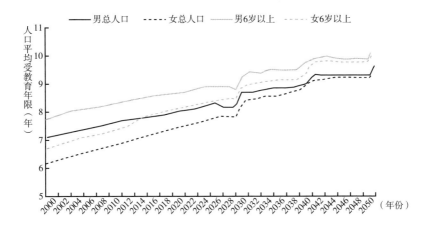

图 4 - 7　2000～2050 年我国人口平均受教育年限变动之一

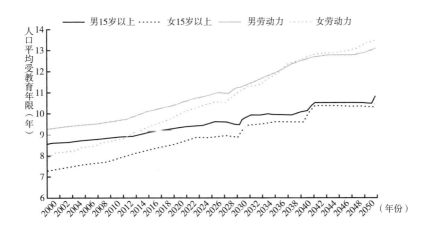

图 4 - 8　2000～2050 年我国人口平均受教育年限变动之二

由表 4 - 7、图 4 - 7 和图 4 - 8 可知，在坚持男女平均受教育机会的原则下，我国男女人口平均受教育年限的差异将逐渐缩小。例如，在总人口的平均受教育年限中，2000 年女性低于男性 0.93 年，到 2050 年，女性人口平均受教育年限反而要高于男性 0.03 年；在劳动力人口中，2000 年，女性低于男性 1.24 年，到 2035 年左右，男女劳动力人口平均受教育年限基本持平。显然，上述预测是在男女入学率无差异条件下的情况，而实际上要真正达到这个目标，无论在实现时间上还是在实现水平上仍可能存在一定的滞后性。

3. 分年龄人口平均受教育年限的估算

在人口年龄结构中，为表达直观，常用人口年龄金字塔示意图来反映人口的年龄结构。本书借用这种分析思路，以人口的年龄为纵轴，以男女人口平均受教育年限为横轴，构建人口平均受教育年限的年龄金字塔示意图。

在人口平均受教育年限的统计口径中，以劳动力人口（15～64岁）的平均受教育年限为例，2000年、2010年、2020年、2030年、2040年和2050年我国劳动力人口平均受教育年限的年龄结构金字塔分别如图4-9、图4-10、图4-11、图4-12、图4-13和图4-14所示。

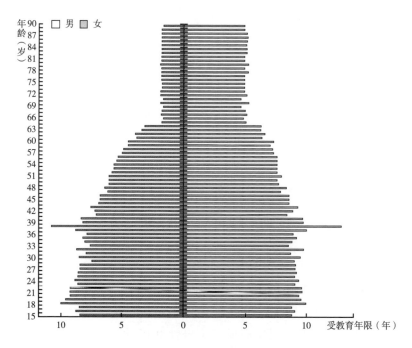

图 4-9　2000 年我国人口平均受教育年限的年龄金字塔

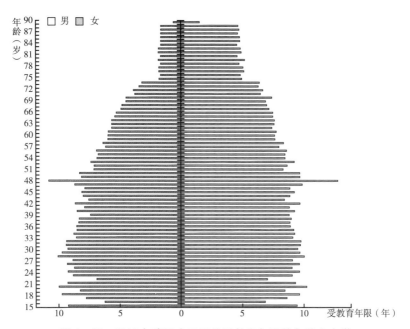

图 4 – 10　2010 年我国人口平均受教育年限的年龄金字塔

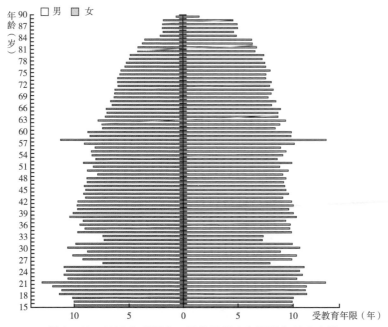

图 4 – 11　2020 年我国人口平均受教育年限的年龄金字塔

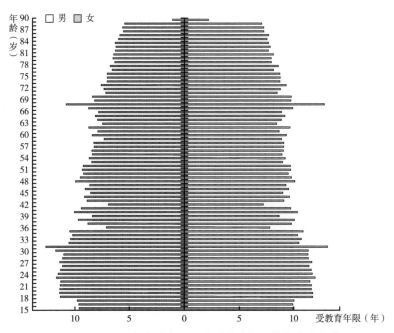

图 4-12 2030 年我国人口平均受教育年限的年龄金字塔

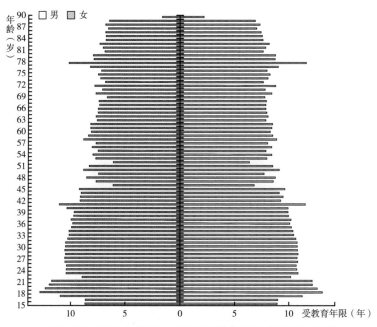

图 4-13 2040 年我国人口平均受教育年限的年龄金字塔

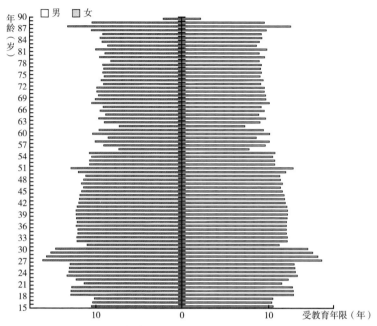

图4-14 2050年我国人口平均受教育年限的年龄金字塔

由上述不同年份的人口平均受教育年限的年龄金字塔示意图可知，在我国劳动力人口中，随着教育红利的累积，劳动力人口的平均受教育年限稳步上升。2000年劳动力人口的分年龄受教育年限呈明显的金字塔结构，即劳动力人口的平均受教育年限随着年龄的增长而逐渐降低，由于持续的教育红利累积，每年新增加的劳动力人口受教育年限均高于上一年，因而随着时间的推移，劳动力人口平均受教育年限在年龄之间的差异逐渐缩小，到2050年，不同年龄的劳动力人口平均受教育年限差别已很小，劳动力人口的总体受教育程度都普遍得到提高。

（三）不同教育等级的教育人口占劳动力人口的比例

在教育红利的估算中，还有一种指标是采用不同教育等级的教育人口占劳动力人口的比例来衡量。即分别为小学教育人口占劳动力人口的比例 $t_{小学}$，初中教育人口占劳动力人口的比例 $t_{初中}$，高中阶段教育人口占劳动力人口的比例 $t_{高中}$ 以及高等教育人口占劳动力人口的比例 $t_{高等}$。在这个指标中，若教育等级越高的指标所占比例越大，说明劳动力人口的教育结构越趋向高级。根据教育红利的测算数据，2000~2050 年我国不同教育等级的教育人口占劳动力人口的比例如表 4-8 和图 4-15 所示。

表 4-8　2000~2050 年不同教育等级的教育人口占劳动力人口的比例

单位：%

年份	$t_{小学}$	$t_{初中}$	$t_{高中}$	$t_{高等}$
2000	30.22	43.10	15.56	4.92
2001	29.91	43.44	16.00	4.88
2002	30.04	43.52	16.31	4.85
2003	30.91	43.05	16.26	4.78
2004	30.22	43.29	16.82	4.81
2005	29.52	43.65	17.54	4.84
2006	28.75	43.74	18.08	4.80
2007	28.10	43.94	18.50	4.95
2008	27.43	44.03	18.82	5.13
2009	26.74	43.94	19.01	5.27
2010	26.15	44.15	19.50	5.42
2011	25.50	44.29	19.94	5.57
2012	24.83	44.44	20.43	5.68
2013	24.55	45.28	21.17	5.96
2014	23.48	44.79	21.42	6.05
2015	22.79	44.97	22.06	6.23
2016	22.10	45.04	22.66	6.41
2017	21.34	45.07	23.22	6.65
2018	20.65	45.11	23.76	6.92
2019	19.96	45.07	24.24	7.19
2020	19.35	45.10	24.75	7.48
2021	18.80	45.06	25.20	7.78
2022	18.25	44.96	25.63	8.08
2023	17.77	44.85	26.04	8.39
2024	17.38	44.70	26.43	8.71
2025	16.96	44.44	26.78	9.02
2026	16.59	44.14	27.14	9.34
2027	16.08	43.57	27.44	9.67
2028	15.60	43.06	27.91	10.07
2029	15.18	42.70	28.57	10.54
2030	14.68	42.23	29.24	11.05

续表

年份	$t_{小学}$	$t_{初中}$	$t_{高中}$	$t_{高等}$
2031	14.10	41.65	29.89	11.57
2032	13.55	41.12	30.49	12.12
2033	12.90	40.43	31.06	12.67
2034	12.32	39.81	31.53	13.25
2035	11.72	39.16	32.34	13.85
2036	11.22	38.61	33.24	14.48
2037	10.74	37.98	34.17	15.04
2038	10.29	37.35	34.94	15.78
2039	9.85	36.62	35.31	16.55
2040	9.51	36.07	35.80	17.42
2041	9.16	35.35	36.09	18.26
2042	8.86	34.68	36.52	18.90
2043	8.57	33.93	36.90	19.54
2044	8.30	33.17	37.14	20.18
2045	7.89	32.43	37.52	20.84
2046	7.80	31.64	37.86	21.52
2047	7.55	30.72	38.16	22.29
2048	7.31	29.88	38.44	23.18
2049	7.03	28.87	38.78	24.08
2050	6.62	27.75	39.56	25.17

资料来源：本书估算。

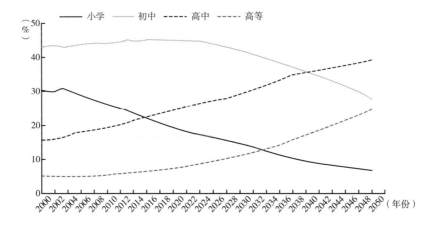

图4-15 2000～2050年不同教育等级的教育人口占劳动力人口的比例变动

由表 4 - 8 和图 4 - 15 可知，在 2000 ~ 2050 年中，随着我国教育红利的累积，我国小学教育与初中教育的人口占劳动力人口的比例呈下降趋势，而高中阶段教育与高等教育人口占劳动力人口的比例呈上升趋势。2000 年，在不同教育等级的教育人口占劳动力人口的比例中，小学占 30.22%，初中占 43.10%，高中占 15.56%，高等教育占 4.92%，小学与初中教育程度的人口占绝对比重。到 2050 年，劳动力人口的教育结构发生显著的转变，小学占 6.62%，初中占 27.75%，高中占 39.56%，高等教育占 25.17%，高中阶段教育与高等教育程度的劳动力人口比重占到 64% 左右，劳动力人口的教育程度得到显著提高。

四　中国人口转变与教育红利的关系

前述研究已表明，教育红利本质上是归属于人口转变体系中的一个部分。在我国特殊的人口转变过程中，有着不可多得的"人口红利"，同样地，在条件允许的情况下，随着我国"人口红利"的消失，我国将面临持续的"教育红利"。因此，把教育红利与人口转变联系在一起进行思考，是必须始终坚持的基本原则。

（一）我国人口转变完成的时间表

根据第三章关于人口转变的教育衡量标准，我国人口转变完成是分项目进行的，我国目前已完成了人口的数量转变，但人口的质量转变尚未完成。根据人口转变完成时的参考标准（见表 2 - 9）以及本书关于人口转变完成时的教育衡量标准，我国人口转变完成的具体时间如表 4 - 9 所示。

表 4 - 9　我国人口转变完成时间

项目	下限	上限	实际值下限	完成时间	实际值上限	完成时间
人口自然增长率	10‰	5‰	10.06‰	1977 年	5.28‰	2006 年
总和生育率	2.5	1.9	2.17	1990 年	1.9	2002 年
出生预期寿命	65 岁	69.5 岁	67.88 岁	1982 年	69.98 岁	1995 年
人口平均受教育年限	6.9234 年	8.8046 年	6.9193 年	2005 年	9.066 年	2040 年

由表 4-9 可知，我国人口转变完成的下限标准在 2005 年左右已基本达到，因此做出我国人口转变已经完成的判断是合理的。但从人口转变完成的上限来看，人口数量转变的标准在 2005 年左右也已基本达到，但人口质量转变的标准尚有较大的差距。要达到人口质量转变的标准，即总人口的平均受教育年限达到 8.8 年，按照当前教育的发展水平，完成的时间要在 2040 年左右，我国人口受教育程度的滞后性是十分明显的。

（二）我国人口转变后的机遇与挑战

上述研究表明，在我国人口数量转变之后，我国将面临一个人口质量转变的关键时期。在此期间，一方面是我国"人口红利"持续削弱、人口年龄结构逐渐老化、人口负担持续增大的过程，这是我国人口数量转变后面临的巨大挑战；另一方面，我国已进入一个人口质量转变的关键时期，随着我国"人口红利"的持续减弱，我国人口受教育程度持续提高，人口的"教育红利"逐渐显露，我国将面临一个人口质量转变的巨大机遇。

显而易见，在我国人口数量转变后，其面临的挑战是必然的，它是我国人口年龄结构变动规律的必然结果，"人口红利"的消失也是不可避免的，我们需要对之进行未雨绸缪。但人口质量转变的完成，取决于持续的教育发展战略与不断扩大的教育投资，人口数量转变后面临的机遇是有条件的，"教育红利"的获得与否取决于当前阶段的教育策略，因而也需要对之进行未雨绸缪。

第三节　赢取教育红利的政策建议

赢取教育红利，是中国人口质量转变过程中的核心要务，人口发展需要与教育特别是高等教育发展联动，从某种意义上说，我国当前的教育发展战略决定着后续的教育红利获得程度。本书提出，要从长远与可持续发展的战略视角，在充分尊重我国独特的人口结构基础上，深化认识我国当前教育发展战略对社会经济发展的基础性作用，通过扩大教育投资，提高人口特别是劳动力人口的受教育程度，保证我国人口数量转变后及时地完成人口质量转变，从而获得持续而长久的教育红利。

一　中国教育发展战略概述

教育发展战略是教育宏观规划的一种形式，它是对教育发展各个方面的目标的整合，并据之综合提出教育发展的阶段性目标，指明教育具体发展路径的规划形式。教育发展的战略重点是随着社会经济发展的阶段而变动的，而特定阶段教育发展战略重点的定位依据正是本书研究的重要内容之一。

（一）教育发展战略梳理

从教育发展战略的分析来看，我国当前的教育发展战略有很多。在国家层面，有科教兴国战略、终身教育战略、素质教育战略、教育可持续发展战略、教育优先发展战略以及教育现代化战略等。在省市级层面，有教育强省、教育强市战略，省市级教育现代化发展战略等。事实上，从各种教育发展战略的内容上来看，不同教育发展战略是趋同的，它们都是根据某一特定阶段经济社会发展背景而提出的，其终级目标是趋同的，实现条件是类似的，实施措施是一致的，差异只在战略目标的实施背景、战略的理念以及战略关注的重点等方面。正因如此，我国教育发展战略的总体感觉是十分混乱的，各种战略太多，战略实施的保障措施乏力，战略的目标定位模糊，这些都直接或间接地影响到我国教育发展战略功能的有效发挥，进而影响到教育发展的具体进程。本书针对我国人口发展的背景，认为如下几个教育发展战略对我国人口转变后的社会经济发展具有重要的作用。

1. 教育优先发展战略

教育优先发展战略最早是由邓小平同志提出来的，在改革开放和现代化建设新时期，邓小平同志反复强调，要实现社会主义现代化，科技是关键，教育是基础。在 21 世纪，以高新技术为核心的知识经济已逐渐占据主导地位，国家的综合国力和国际竞争能力将越来越取决于教育发展、科学技术和知识创新的水平，教育需要放在优先发展的战略地位。教育优先发展战略，就是要坚持"教育先行论"，通过教育发展来促进社会经济的进步，这是与"教育后行论"和"教育并行论"有着根本区别的。落实教育优先发展战略，是我国当前教育发展中的重中之重，党的十七大报告明确把"优先发展教育，建设人力资源强国"作为加快改善民生为重点的社会建设的首要任务，教育优先发展战略已成为社会的共识。党的十九大报告明确提出"建设教育强国是中华民族伟大复兴的基础工程，必须把教育事业放在优先位置，加快教育现代化，办好人民满意的教育"。因此，切实进行教育优先发展战略的具体操作，是决胜全面建成小康社会进程的现实需要，是实现经济腾飞的重要动力，也是社会走向可持续发展的根本大计，对我国社会经济发展具有十分重要的战略意义。

2. 人力资源强国战略

人力资源强国战略与教育优先发展战略是紧密相承的。从我国当前现实来看，我国是一个人口大国，不是人力资源大国，更不是人力资源强国，建设人力资源强国必须依靠人力资源开发，而人力资源的开发，最主要的途径就是教育。因此，要建设人力资源强国，也就是要大力发展教育，通过教育来提升人口素质，开发人力资源的潜力，使我国由人口大国转变为人力资源强国。

3. 教育现代化战略

作为教育发展的一个重要目标，教育现代化是我国现代化建设总目标的重要部分。教育现代化包括如下四个层面的含义：第一，教育现代化是一个国家教育发展的较高水平状态；第二，教育现代化是对传统教育的超越，是传统教育在现代社会的转化；第三，教育现代化是一种教育整体转换运动；第四，教育现代化的核心是实现人的现代化。作为具体的教育现代化战略，它的具体操作指标包括教育思想、教育观念、教学内容、课程体系、教育手段和方法以及教育管理的方方面面。因此，要实现教育现代化，一方面是要从数量上扩大教育规模与比重，增加教育投资，优先发展教育；另一方面是要从质量上提高教育的效率，改变教育观念，真正实现教育与现代社会的发展相协调，相促进。

（二）教育发展战略的主要短板

尽管我国教育发展的整体战略是有远见的，我国教育发展取得了举世瞩目的成就，但从我国人力资源开发的能力与应对后续社会经济发展的要求来看，我国教育发展依然面临着巨大的挑战，教育发展在供给能力、教育内部结构、教育体系以及教育体制机制等方面都存在不少问题。

1. 人口质量偏低，教育的供给能力依然不足

前面研究已表明，我国人口整体质量偏低，国民总体教育水平与科学文化素质偏低，劳动力总体文化程度低下，高中低端技术人才数量严重不足，这些都制约着我国产业结构的提升和经济增长方式的转变。在教育的供给方面，我国义务教育发展基础仍较薄弱，巩固提高的任务十分艰巨；各级各类教育与培训机构在提高国民受教育水平、学习能力和就业能力方面的综合支撑能力较低，不适应国际竞争和产业结构调整的要求；在教育经费投入方面，2016 年全国教育经费总投入为 38888.39 亿元，比上年增长 7.64%，占 GDP 比例连续 5 年超过 4%①，但如何保住这一水平仍有较多挑战。此外，优质教育资源供给匮乏、区域教育发展极不平衡、教育公平受损严重等都影响了教育的供给能力。

2. 教育结构失衡，区域、城乡教育差异较大

在义务教育均衡化发展方面，义务教育的非均衡性集中表现在教育质量上，包括教育经费投入、办学条件、生师比等方面。缩小义务教育在教育质量方面的差距，要改变"农村学校像非洲，城市学校像欧洲"的格局，是义务教育均衡化发展的关键；高中教育发展滞后，已成为教育发展的瓶颈；中等职业教育跟不上社会经济发展对应用型人才的需

---

① 陈纯槿、郅庭瑾：《世界主要国家教育经费投入规模与配置结构》，《中国高教研究》2017 年第 11 期。

求；高等教育质量问题日益突出，高等教育发展仍然滞后于经济发展，普及化高等教育的区域发展格局尚待形成。在教育经费投入上，高等教育所占份额过多，基础教育发展能力不足，根据当前地方教育财政的负担机制，流动人口子女的教育问题突出且化解难度很大。城乡人口教育水平存在十分明显的差距，农村教育发展严重滞后，地区人口文化素质存在"东高西低"的梯度差异。2000 年，我国农村 15 岁及以上人口平均受教育年限为 6.85 年，与城市平均 9.8 年的水平相差近 3 年。中小学及以下文化程度占 52.3%，高中及以上文化程度只占 7.7%，低于城市 33 个百分点；而大专以上学历仅有 0.74%，低于城市 12 个百分点。全国 3/4 以上的文盲、半文盲集中在西部农村、少数民族地区和国家级贫困县。①

3. 教育体系过于封闭，终身教育体系尚未真正形成

我国的教育体系以传统国民教育体系为主，缺乏正规与非正规、正式与非正式、学历与非学历、学校与社区、教育与培训、各级各类学校之间的相互衔接与沟通，尚未形成完善的现代终身教育体系。学校教育体系过于封闭，教育与培训资源之间难以实现转移和交流，社会各类教育与人力资源培训缺乏应有的联系与共享。教育体系仍是政府主导，社会对民办教育及其他形式的办学的认可度不足，在经费投入、政策支持等方面的力度仍然不够。

4. 教育机制有待改革，教育制度仍需完善

我国教育管理以集中制为主导，地方与学校自主权有限。教育机制不灵活，行政效率偏低。由于政府主导，各级学校运用市场和法律手段管理的力度不够，教育与人才培养的平等竞争与激励机制平台尚未建立。各级教育制度不完整，且教育制度的具体落实缺少完整的监督机制。以现代教育公共财政制度为例，政府教育转移支付和教育项目采购制度、教育成本与教育效益的核算制度以及监管制约体系都不健全。

---

① 中国教育与人力资源问题报告课题组：《从人口大国迈向人力资源强国》，高等教育出版社，2003。

二 保证教育红利获得的政策建议

教育红利的获得是有条件的，与人口红利是人口年龄结构规律变动的结果一样，教育红利是在特定人口年龄结构的基础上，对当前或之前持久教育投资的回报。要保证教育红利的获得，需要三方面联动。一是从教育本身出发，一方面要充分认识到教育红利获得的重要性，从而主动为积累教育红利提供便利条件；另一方面也要注重调整教育的结构，提高教育的质量，保证获得的教育红利是优质的，是能与社会经济发展良性互动的。二是从人口方面出发，一方面认清人口年龄结构的变动规律，及时分析并预测人口变动的特点与趋势，为教育红利获得提供人口方面的数据支持；另一方面也要根据人口变动的规律与特点，促进教育红利的获得。三是从社会方面出发，一方面形成重视教育的良好氛围，减少教育投资的阻力；另一方面是从制度上落实重视人才、重用人才的人才观，充分发挥教育红利的功效。

（一）继续优先发展教育，发挥教育效能

1. 优先发展教育，完善教育持续与稳定增长的机制

要正确认识与落实教育优先发展战略，把教育发展作为一切发展的先行目标。当今国际竞争的本质是科技与教育的竞争，而我国的基本国情也决定了发展教育的重要性与关键性。在后续的一个较长时期内，我国人口年龄结构开始老化，劳动力短缺，社会经济发展面临着严峻的挑战；另外，我国经济结构开始转型升级，对高素质劳动力数量的要求越来越多，劳动力的素质与技能成为决定经济转型升级的关键因素。而从我国教育发展的实际情况来看，尽管 1949 年以来我国教育发展取得了辉煌成就，但教育发展的波动性、教育经费投入的低水平以及教育管理体制的封闭性等问题仍十分突出，要保证教育红利的获得，必须建立持续与稳定的教育投入机制，确保各级教育的入学率稳定且持续增大。实际上，从测算结果可知，当前对教育的投入越多，各级教育入学率比重越大，则为后面的社会经济发展所积累的教育红利就越多。可见，投资

与发展教育，是一项真正意义的功在当代，利在千秋的大业。

2. 优化教育质量与结构，为社会经济发展提供优质的人力资源支持

教育红利不仅体现在数量上，也表现在质量上。不同教育质量条件下积累的教育红利，对社会经济发展的功用是明显不同的。从国际经验来看，过度投资于某一层级或类型的教育，会造成教育资源的浪费，形成"过度教育"。我国当前教育在结构上明显偏重于学历教育，对职业教育与培训的重要性认识仍不足。这一方面造成大量教育资源集中于学历教育，另一方面也使得学历教育的内容与社会经济发展的要求不一致，造成学生毕业后的工作机会减少，实际工作能力欠缺等诸多问题。可见，要累积教育红利，也需要优化教育的质量与结构，切实提高劳动力人口的素质，真正把我国建设成人力资源强国，而不仅仅是一个教育人口的大国。

3. 改革职教体系，加速人力资本积累

人力资本投入是未来经济增长的源泉，也是创新驱动的要义之一。1997 年以来，中国高等教育的跨越式发展积累了较丰富的人力资本，但人力资本的质量依然较低，劳动力市场存在较多未经任何职业技能培训的劳动者。一是改革职业教育以适应人力资本市场需求。理论和实证研究均表明，单纯提高劳动者的教育水平，并不能必然提升劳动生产率。人力资本投资结构中职业教育投资对经济增长有显著正效应，职业教育投资比例越大，经济增长率越高。[①] 当前我国普遍存在重普通教育、轻职业教育的情况，人力资本积累需要科学筛选投资方向。与此同时，要改变职业教育与普通教育同质化的趋向，缩小职业教育培养目标与市场需求方向的差距，重视职业教育培养目标的综合性、培养规格的应用性、培养模式的多元性、培养对象的普及性以及培养效果的即时性，注重提高职业教育的效率，使教育投资获得最大限度的回报。二是强化在职劳动力培训以提升人力资本质量。在知识更新日新月异的今

---

① 刘万霞：《人力资本投资结构与地区经济增长——对职业教育发展的启示》，《中国人口・资源与环境》2014 年第 3 期。

天，在职培训是提升人力资本质量的必要手段。当前在职培训仍然偏重于对再就业人员、农村转移劳动力以及特殊群体的培训，培训内容单一、培训力量单薄、培训绩效低下。因此，需要强化在职教育体系，建立和完善高质量、普惠性的在职培训制度，快速提升在职劳动力的质量。

4. 完善劳动力市场促进人力资本开发

理想的劳动力市场是城乡统一、全面开放和自由流动，劳动力作为一种特殊商品能够在市场中高效配置并获得合理报酬。当前中国劳动力市场化程度已较高，却仍然带有多重二元分割状态。研究证明，系列制度因素（如户籍、单位体制、社会保障等）对人力资本开发的限制甚至扭曲作用十分明显，要缩小收入差距，单靠提高教育收益率和增进教育机会的公平是无济于事的。① 一是营造有利于人力资本开发的制度环境。一方面，要采取切实有效措施取消各种扭曲性的政策和制度，促使人力资本在地区间、行业间和企业间自由流动，避免出现多重分割的劳动力市场，进而提升不同主体对人力资本投资的积极性。另一方面，对于区域来说，也可以通过培育成熟的劳动力市场来集聚人力资本，利用市场优势获取高质量的人力资本。二是完善社会保障体系。当前，不完善的社会保障体系是影响劳动力自由流动和市场竞争的关键性因素，体系碎片化、待遇差异化和流程复杂化的社会保障体系严重限制了人力资本的开发深度。因此，要以保基本、兜底线、促公平为核心，深化教育、文化、医药卫生、社会保障、住房保障等领域改革，构建完善的社会保障体系，从而为劳动力市场的统一、开放和流动创造条件。

5. 创新社会治理带动社会资本运转

社会资本是指社会上个人之间的相互联系，这种社会关系网络及由此产生的互利互惠和互相信赖的规范，能够提高社会效率，增加物质资本和人力资本的收益。相对于人力资本和经济（物质）资本，社会资

---

① 李培林、田丰：《中国劳动力市场人力资本对社会经济地位的影响》，《社会》2010 年第 1 期。

本需要从理论上对其概念及其效用给予证明，但若把社会资本排斥在外，难以解释同样拥有丰富的物质资本和人力资本的国家为何有的经济持续增长，有的却陷入贫困恶性循环的怪圈。① 社会资本运转的本质是形成有利于个体和社会组织健康发展的资源关系或社会网络。当前，社会资本往往异化为"社会关系"（人情、投机与贿赂等），这种"社会关系"阻碍了社会资本的正常运转，对个人自我价值的实现，个人创造力的发挥起到了抑制作用，对社会组织的良性运行造成了巨大阻力。因此，要充分获取教育红利，从社会资本维度必须创新社会治理，重构公正的社会规范，维护公序良俗，让个体从"社会关系"中走出，让社会组织回归社会本位。为此，建议推动社会资本集聚，通过加快培育和发展社会组织，拓展个体和社会组织参与治理等途径，形成优质的社会资本，激发人的创造力。建议构建公平正义的社会环境，通过改革创新，构建系统治理、依法治理、综合治理和源头治理"四位一体"的现代社会治理体系，率先实现社会治理现代化，形成有利于智力充分释放的社会环境。

（二）促进人口均衡发展，瞄准人口质量提升的前沿领域

1. 准确把握人口年龄结构演变的规律，确保教育红利及时获得

教育红利的获得，是充分利用人口年龄结构演变规律的结果，因而需要在人口变化的各个阶段，准确把握人口年龄结构的现状、特征及趋势，并据之确定不同阶段的教育发展战略，从而确保教育红利的获得。在此方面，教育学界已开始重视并取得显著成效。在教育发展规划中，重视对教育人口规模、结构、布局的研究，以此确定教育发展的重点及具体的问题。以高等教育为例，国内对高等教育与人口的关系研究，已逐步构成了一个高等教育与人口的研究领域（高等教育人口的问题研究），目前此类研究主要立足于高等教育学视界，因而常把人口作为一

---

① 郑红：《社会资本是资本吗？——马克思主义政治经济学视域中的社会资本界定》，《江淮论坛》2015 年第 2 期。

个因素来分析。在教育学界，2000年出版了我国第一部《教育人口学》专著，虽然是从教育学学科分析问题，但也体现出人口对教育发展的重要性。因此，要确保教育红利的获得，需要准确及时地把握我国人口年龄结构演变的现状、特征及发展趋势，这是至关重要的。

2. 及时跟进人口变动形势，全面分析教育红利获得的条件与机遇

教育红利是基于人口年龄结构变动的基础，通过追加教育投资而形成的，要保证获得教育红利，就需要及时跟进人口发展与变动的形势，把人口发展与教育发展紧密联系在一起。在人口变动的过程中，存在教育红利累积的机遇期，在这个关键时期加强对教育红利的累积，就能迅速提高全体国民的受教育水平，增加人力资本存量。因此，在研究教育红利的过程中，需要把它与人口的发展与变动有机地联系在一起，通过对人口发展与变化过程的战略机遇期的把握，结合教育红利获得的可行性，及时采取措施确保教育红利的迅速累积。作者认为，我国当前人口数量向人口质量转变的这一时期，就是累积教育红利的最佳时期。随着人口质量转变的完成，我国人口红利趋近枯竭，而教育红利将开始显现。当前及今后的几十年是我国教育红利累积的关键时期，这一时期的教育战略与政策，将直接影响到后面我国人力资本的存量，并且是在人口红利消失之后应对措施中较为根本的策略之一。

3. 以产业升级助推人口质量提升

发展平台是人才能否留住的关键，与劳动密集型产业相对应的劳动力需求，仅是需要劳动力数量，对劳动力质量要求不高，而要实现产业升级，必须有创新型的劳动者。但反过来，如果没有相应的发展平台，人才来了也无用武之地，劳动力质量提升也缺少了基础。因此，对于如何提升人口质量，产业升级是关键。一是搭建人才创新平台。建设更多的国家重大科研、工程项目，建设一批高水平的产学研用相结合的创新研发平台，构建以现代高新技术产业为主导的产业技术联盟，借此吸引国际高端人才集聚我国开展高端前沿研究。二是搭建人才创业平台。围绕对战略性主导产业的培育，加快推进新一代孵化器建设，培育、聚集一批高新技术企业孵化器，促进科技成果产业化。借鉴国外先进地区建设孵化器的成功经验，通过构建产学研用相结合的体制机制，吸引高端人才，推动前沿科技成果产业化项目落地。积极打造政策优惠、机制灵活、格局开放的人才创业基地，吸引创业人才。建设国际人才创业园和海外人才离岸创业基地，形成海外人才自由港。三是搭建人才培训平台。探索创新与港澳及国际知名高校合作办学模式，引进高水平的职业培训机构，开展职业技能培训合作办学。

4. 适时调整人口发展政策

人口发展政策的调整权限虽然归属于国家层面，但各地可根据人口发展需求，在优化人口发展环境方面出台相关的子政策。一是调整人口发展战略重点。要实现人口发展战略由以数量控制为主导转向以素质提升、结构调整为主导，注重人口与经济、社会、资源、环境的长期均衡发展，走出"人口与计生"的狭窄范围，形成覆盖全域的"大人口"战略思维，重视人口基础性因素对经济社会发展的全局性和战略性作用。二是调整人口生育政策。过低的生育水平不仅不利于人口代际更替，更会造成未来人口的高度老龄化。从人口发展规律来看，当前实施的全面二孩政策无法改变人口老龄化的趋势，适时调整生育政策，将为未来应对人口严重老龄化等一系列问题赢得时机。三是出台人口质量提升的相关政策，建议在充分研究我国人口质量现状的基础上，从劳动力质量提升角度出发，专门出台相关的人口质量提升计划，把人口质量问题提高到更高的战略层面来进行中长期整体谋划。

（三）完善社会支持系统，充分发挥人才作用

1. 形成重视教育的社会氛围，减少教育红利获得的阻力

教育红利的获得，也需要全社会的支持与引导。要在全社会形成重视教育发展的氛围，重视对教育的投资。从整体来看，当前我国对教育的发展十分重视，并确立了科教兴国战略，1949 年以来的教育发展成就显著，人民群众的整体素质得到了显著提高。但是，随着市场经济的深入，特别是教育与市场的充分融合，近几年来社会对教育投资的重视程度有所下降，特别是农村地区，个人负担的教育费用与教育投资回报

呈反比例的现象比较普遍。读书无用论现象在农村抬头，农村大学生所占比例呈下降趋势，农村义务教育辍学现象依然存在等，都对教育红利的获得带来阻力。从应对措施来看，一方面要改变这种氛围，引导社会重视教育，追加教育投资，以长远的眼光分析教育投入的回报；另一方面也要切实解决上述问题，寻找问题背后的关键原因，要加强政府这只宏观引导的手，统筹协调教育与市场的关系，特别是对农村地区教育发展更要加强研究，因为农村地区既是教育发展的薄弱地区，又是人口数量较多的地区，这部分人口教育红利的缺失，将会直接影响到我国整体国民素质的提升，并对教育红利的全面获得带来巨大阻力。

2. 落实科学的人才观，确保教育红利的功效顺利发挥

教育红利的获得，也需要教育投入的圆满回报，充分发挥教育红利的功效。不可否认，我国当前在用人方面仍存在论资排辈，关系用人，重视职称、学历、资历等外部条件而轻视能力等问题。特别是在大学生就业中，一方面是教育与社会经济发展的不协调，造成学非所用；另一方面由于受传统人才观的约束，大学生就业问题日益突出，这就使得教育红利的功效不能充分发挥，影响了社会对教育投入的信心与力度。要确保教育红利功效的顺利发挥，一方面是改革教育特别是高等教育，加强对职业教育的投入，把教育与市场有机结合起来；另一方面是要进一步落实科学的人才观，改革人才、就业、创业等基本理念，结合教育投入的近期效益与长远效益，通过落实科学的发展观与人才观，明确教育投资的重要性，进一步发挥教育红利的功效，从而确保教育红利的获得。

3. 营造人尽其才的制度环境

人口质量的提升，关键是要引进、培养和留住各类别、各层次的人才。而人才发展的关键是要深化人才发展体制机制改革，完善市场配置人才资源的机制。所谓机制活，则人集才聚事业兴。实践证明，市场机制是目前人类社会配置资源最有效的手段之一。我国人才资源配置模式脱胎于计划经济体制，政府一直起决定性作用，相对经济领域的其他改革略显滞后，与市场化、国际化、现代化要求很不适应。一是转变政府人才管理职能。政府对人才的管理模式选择，是决定人才（人口）质量是否提升的关键。要向用人主体放权，为人才松绑，充分遵循市场经济运行规律，按照政事、政企、政社分开原则，推动人才管理部门简政放权，消除对用人主体的过度干预，建立人才管理服务权力清单、责任清单，清理规范人才招聘、评价、流动等环节中的行政审批和收费事项，让市场在人才资源配置上起决定性作用，让用人主体在人才"进管出"上有更大自主权，让人才在创新创造活动中有更宽松的环境。要强化部门协同和政策整合，形成发挥市场作用所需要的体系性、匹配性制度环境。二是健全人才市场开发的体制机制。人才集聚、人口质量提升，关键还是要发挥市场的决定性作用，让人才市场（人力资源市场）成为人才（劳动力）资源配置的主场所。要保障和落实用人主体自主权，让用人单位真正成为人才价值开发主体。要健全市场化、社会化的人才管理服务体系。积极培育各类专业社会组织和人才中介服务机构，既赋予其相关职能，又明确制度规范，使其对政府转移的相关职能接得住、接得好。三是积极发展人力资源服务业。人才的集聚和人力资源质量的提升，除了政府与市场外，还要注重社会方面的力量，要加快发展社会服务业。要放宽人才服务业准入限制。推进人才中介服务机构公共服务与经营性服务的分离改革，重点强化公共服务，培育和建设专业性、行业性人才市场。要积极推进和扶持高水平、国际化的人力资源服务机构在国内发展。大力引进国际知名的高端人才服务机构，包括世界知名的"猎头"公司、国际专业培训机构。鼓励有条件的人力资源服务机构在境外建立分支机构，加强与境外人力资源服务机构合作。

参考文献

蔡昉：《人口转变、人口红利与经济增长可持续性——兼论充分就业如何促进经济增长》，《人口研究》2004 年第 2 期。

陈卫、都阳、侯东民：《是人口红利？还是人口问题?》，《人口研究》2007 年第 2 期。

陈友华：《人口红利与人口负债：数量界定、经验观察与理论思考》，《人口研究》2005 年第 6 期。

陈岱云：《人口转变及后续社会保障对策研究》，《江苏社会科学》2005 年第 5 期。

陈岱云、赵德铸：《人口转变与社会保障问题的法律思考》，《山东大学学报》（哲学社会科学版）2006 年第 6 期。

陈剑：《现代化，人口转变与后人口转变》，《市场与人口分析》2002 年第 6 期。

陈钊、陆铭、金煜：《中国人力资本和教育发展的区域差异：对于面板数据的估算》，《世界经济》2004 年第 12 期。

〔美〕丹尼尔·W. 布罗姆利：《经济利益与经济制度——公共政策的理论基础》，上海人民出版社，1996。

〔英〕德克·J. 冯德卡：《欧洲的第二次人口转变》，刘恩靖译，《国外社会科学》1988 年第 5 期。

都阳：《人口转变的经济效应及其对中国经济增长持续性的影响》，《中国人口科学》2004 年第 5 期。

杜育红：《教育发展不平衡研究》，北京师范大学出版社，2000。

杜闻贞:《论经济发展与现代人口转变》,《南京大学学报》(哲学社会科学版) 1994 年第 3 期。

〔美〕华勒斯坦:《开放社会科学》,刘锋译,三联书店,1997。

〔日〕黑田寿男,王国荣:《东亚人口转变与发展战略》,《国际政治研究》1995 年第 2 期。

何齐宗、戚务念:《教育人口学:一门亟待开拓的新学科》,《江西师范大学学报》(哲学社会科学版) 2000 年第 2 期。

洪英芳:《现代人口转变两种基本形态》,《世界经济》1986 年第 4 期。

胡鞍钢:《中国中长期人口综合发展战略 (2000~2005)》,《清华大学学报》(哲学社会科学版) 2007 年第 5 期。

蒋耒文:《"欧洲第二次人口转变" 理论及其思考》,《人口研究》2002 年第 3 期。

纪宝成:《关于 "高等教育毛入学率" 问题》,《中国教育报》1999 年 1 月 16 日。

雷安:《中国人口转变时间考》,《人口研究》1993 年第 6 期。

李建民、原新、王金营:《持续的挑战——21 世纪中国人口的形势、问题与对策》,科学出版社,2000。

李建民:《中国的人口转变完成了吗?》,《南方人口》2000 年第 2 期。

李建民:《人口转变论的古典问题和新古典问题》,《中国人口科学》2001 年第 4 期。

李建新:《人口转变新论》,《人口学刊》1994 年第 6 期。

李建新:《"后人口转变论" 质疑——兼与于学军、李建民博士商榷》,《人口研究》2000 年第 6 期。

李建新:《世界人口格局中的中国人口转变及其特点》,《人口学刊》2000 年第 5 期。

李若建;《高等教育布局与区域发展研究》,《未来与发展》1994 年第 2 期。

李军峰：《从制度经济学看中国的人口转变》，《人口与经济》2002 年第 3 期。

李辉、于钦凯：《中国人口转变研究综述》，《人口学刊》2005 年第 4 期。

李竞能：《现代西方人口理论》，复旦大学出版社，2004。

李竞能：《21 世纪中国人口理论研究的展望》，《人口研究》1998 年第 2 期。

李通屏：《中国人口转变与未来市场》，《郑州大学学报》（哲学社会科学版）1998 年第 1 期。

李通屏、李建民：《中国人口转变与消费制度变迁》，《人口与经济》2006 年第 1 期。

李文利、闵维方：《我国高等教育发展规模的现状和潜力分析》，《高等教育研究》2001 年第 2 期。

李仲生：《人口经济学》，清华大学出版社，2006。

刘家强：《人口经济学新论》，西南财经大学出版社，2004。

刘传江、郑凌云：《现代化进程中的人口转变：一个广义视野的考察》，《南方人口》2002 年第 4 期。

罗淳：《人口转变进程中的人口老龄化——兼以中国为例》，《人口与经济》2002 年第 2 期。

罗丽艳：《孩子成本效用的拓展分析及其对中国人口转变的解释》，《市场与人口分析》2003 年第 3 期。

吕红平：《论传统文化对中国人口转变的影响》，《中国人口科学》1996 年第 4 期。

吕昭河：《人口现代化：一个历史过程的理论探讨》，《思想战线》1999 年第 4 期。

马瀛通、冯立天、冷眸：《三大人口高峰与中国现代人口转变》，《人口与经济》2000 年第 2 期。

米红、周仲高：《中国高等教育发展影响因素的模式识别与实证研究》，福建教育出版社，2004。

米红、文新兰、周仲高：《人口因素与未来20年中国高等教育规模变化的实证分析》，《人口研究》2003年第6期。

穆光宗、陈卫：《中国的人口转变：历程、特点和成因》，《开放时代》2001年第1期。

南京师范大学教育系编《教育学》，人民教育出版社，1984。

邱国华、朱佳生：《关于人口平均受教育年限与平均预期受教育年限的思考》，《辽宁教育研究》2005年第3期。

人口社科司社会处：《"人均受教育年限"计算方法探讨》，《统计制度改革研究》2003年第5期。

宋元梁：《试论我国的经济转型与人口转变》，《人文杂志》1997年第3期。

宋瑞来：《试论自发性与诱导性人口转变》，《中国人口科学》1991年第2期。

世界银行编《2000年世界发展指标》，中国财政经济出版社译，中国财政经济出版社，2000。

石人炳：《人口变动对教育的影响》，中国经济出版社，2005。

唐德海：《高等教育毛入学率计算中的分子与分母》，《有色金属高等研究》1999年第4期。

谈松华：《中国教育现代化的区域发展》，广东教育出版社，2003。

田家盛：《教育人口学》，人民教育出版社，2000。

田家盛、李利民：《论人口与教育》，《人文杂志》1982年第5期。

田雪原：《人口学》，浙江人民出版社，2003。

田雪原、王金营、周广庆：《老龄化——从"人口盈利"到"人口亏损"》，中国经济出版社，2006。

田方、张东亮：《中国人口迁移新探》，知识出版社，1989。

王岸柳：《人口转变论的进一步思考》，《人口研究》2002年第6期。

王涤：《中西方两种人口转变方式的探析》，《杭州师范学院学报》

2000 年第 5 期。

王胜今：《人口社会学》，吉林大学出版社，1998。

王学义：《对中国人口转变的基本判断及问题研究》，《四川行政学院学报》2002 年第 1 期。

王德文：《教育在中国经济增长和社会转型中的作用分析》，《中国人口科学》2003 年第 1 期。

王金营：《利用人口普查数据编制教育生命表的技术处理》，《中国人口科学》（增刊）2005 年第 S_1 期。

邬沧萍、穆光宗：《低生育研究——人口转变论的补充和发展》，《中国社会科学》1995 年第 1 期。

邬沧萍：《人口学在 21 世纪是一门方兴未艾的朝阳科学》，《人口研究》2001 年第 1 期。

谢作栩：《中国高等教育大众化发展道路的研究》，福建教出版社，2001。

徐玲：《国际教育指标体系的分析与思考》，《教育科学》2004 年第 2 期。

姚新武：《中国人口转变历程的深入探讨》，《人口研究》1992 年第 6 期。

杨子慧：《"三结合"：人口转变的第三种途径》，《人口研究》1998 年第 5 期。

叶明德：《对"中国进入后人口转变时期"的质疑》，《中国人口科学》2001 年第 1 期。

尹文耀：《21 世纪中国人口变动与教育现代化目标预测论证和规划建议》，载国务院人口普查办公室、国家统计局人口和社会科技统计司编《转型期的中国人口》，中国统计出版社，2005。

尹勤、高祖新：《我国人口转变进程探讨》，《南京人口管理干部学院学报》1998 年第 2 期。

原新：《中国人口转变及未来人口变动趋势推演》，《中国人口科学》2000 年第 1 期。

原新：《欧盟人口转变与中国之比较》，《人口学刊》2001年第2期。

于学军：《中国进入"后人口转变"时期》，《中国人口科学》2000年第2期。

于学军：《中国人口转变与"战略机遇期"》，《中国人口科学》2003年第1期。

张国、林善浪：《中国发展问题报告》，中国社会科学出版社，2000。

张力：《关于人口的平均受教育年限》，《科学决策》1999年第3期。

张萍：《影响我国人口转变的根源初探》，《胜利油田职工大学学报》2006年第4期。

中国教育与人力资源问题报告课题组：《从人口大国迈向人力资源强国》，高等教育出版社，2003。

周作宇：《问题之源与方法之镜——元教育理论探索》，教育科学出版社，2000。

周仲高：《中国高等教育人口的地域性研究》，中国经济出版社，2009。

周仲高：《教育人口学》，社会科学文献出版社，2014。

朱国宏：《现代化进程中的人口转变及其社会经济含义》，《复旦学报》（社会科学版）1997年第4期。

朱国宏：《人口转变论——中国模式的描述和比较》，《人口与经济》1989年第2期。

国家统计局网址：http：//www. stats. gov. cn/tjsj/ndsj。

美国人口普查局网址：http：//www. census. gov。

世界银行网址：http：//www. worldbank. org。

联合国人口司网址：http：//www. unfpa. org。

Blacker, C. P., 1947, "Stages in Population Growth," *Eugenics Review* 39.

Bloom, David E. and Jeffrey G. Williamson, 1998, "Demographic Transitions and Economic Miracles in Emerging Asia," *World Bank Economic Review* 12.

Bloom, David E. , David Canning and Pia Malaney, 2000, "Demographic Change and Economic Growth in Asia," *Population and Development Review* 26.

Bowlby J. W. , 2002, *Post-secondary Education Attainment in Canada and the United States in the 1990s*, HRDC Publications Centre: Human Resources Development Canada.

David Shapiro & B. Oleko Tambashe, 1997, "Education, Employment, and Fertility in Kinshasa and Prospects for Changes in Reproductive Behavior," *Population Research and Policy Review* 16.

Enrique Regidor, M. Elisa Calle, Pedro Navarro & Vicente Dominguez, 2003, "The Size of Educational Differences in Mortality from Specific Causes of Death in Men and Women," *European Journal of Epidemiology* 18.

Haaga J. , 2004, *Educational Attainment in Appalachia*, Washington DC: Population Reference Bureau.

Iyigun M. Geography, 2005, "Demography and Early Development," *Population Economics* 18.

Jacques Veron, 1992, *The demographic transition*, UNESCO Courier, Jan.

Kuandachakupt S. , 1995, *The Impact of Population Change on Household Investment in Education in Thailand*, the University of Hawaii.

Pilmpton L. , 2006, *Indicators of Higher Education Attainment in Marine*, Augusta, Marine: Marine Development Foundation and Marine Community Foundation.

Redding, S. and Venables, A. J. , 2004, "Economic Geography and International Inequality," *Journal of International Economics*, 62 (1) .

Reisman A. , 1966, "Higher Education: A Population Flow Feedback Model," *Science* 7.

UNESCO. , 1999, *Education and Population Dynamics: Mobilizing Minds for a Sustainable Future*, EPD – 99/WS/1, March.

U. S. Department of Commerce Economic and Statistics Administration Bureau of the Census, 1993, *We the Americans: Our Education*, Washington DC: Bureau of the Census.

Waite and K. Moone, 1978, "The Impact of an Early First Birth on Young Women's Educational Attainment, " *Social Forces* 56.

Wathne C. L. & W. J. Smith. , 2000, *The Geography of Educational Attainment in the Atlanta Region*, George State University: Atlanta Census 2000, census issue 9.

Watts, A. L. , 2001, *Education and the Common Good: Social Benefits of Higher Education in Kentucky*, the University of New Mexico.

Windham, D. M. , 1988, " Effective indicators in the economic analysis of educational activities," *International Journal of Educational Research* 12 (6) .

XiaoHang Liu, 2003, *Estimation of the Spatial Distribution of Urban Population Using High Spatial Resolution Satellite Imagery*, the University of California.

附 录
本书的基础数据

一 教育人口原始数据

表 1 - 1 1982 年中国教育人口基础数据

单位：人，%

地名	6 岁及以上人口	教育人口	教育人口占 6 岁及以上人口比例
北 京	8472333	7181026	84.76
天 津	7055683	5815940	82.43
河 北	46850963	33739538	72.01
山 西	22446484	17384215	77.45
内蒙古	16904192	11582544	68.52
辽 宁	32017685	26305208	82.16
吉 林	20001399	15456252	77.28
黑龙江	28781656	22149004	76.96
上 海	10948406	9139080	83.47
江 苏	54657926	36483364	66.75
浙 江	34982554	24433900	69.85
安 徽	43914081	24007197	54.67
福 建	22479734	14295323	63.59
江 西	28553619	19195853	67.23
山 东	66770669	42919124	64.28
河 南	65611114	42435100	64.68
湖 北	42477477	29883031	70.35
湖 南	48099970	36364822	75.60
广 东	51759663	39092625	75.53

地名	6 岁及以上人口	教育人口	教育人口占 6 岁及以上人口比例
广　西	31153924	22387837	71.86
四　川	90926459	61152021	67.25
贵　州	24465580	12443165	50.86
云　南	27835209	13895795	49.92
西　藏	1587500	407615	25.68
陕　西	25770214	17562016	68.15
甘　肃	17428803	9146886	52.48
青　海	3332749	1775541	53.28
宁　夏	3286901	1838104	55.92
新　疆	11214548	7638497	68.11
全　国	889787495	606110623	68.12

注：①数据来源于对应年份的人口普查统计资料，数据统计口径与普查口径一致，以下表同；②教育人口是指接受小学及以上教育的人口总和。

表 1-2　1990 年中国教育人口基础数据

单位：人，%

地名	6 岁及以上人口	教育人口	教育人口占 6 岁及以上人口比例
北　京	9867772	8808112	89.26
天　津	7927278	6996003	88.25
河　北	52958191	42722978	80.67
山　西	25153456	21623598	85.97
内蒙古	18987292	15110121	79.58
辽　宁	35729586	31617311	88.49
吉　林	21950950	18870664	85.97
黑龙江	31497077	26914760	85.45
上　海	12340096	10721891	86.89
江　苏	60034888	47866421	79.73
浙　江	37696940	29682681	78.74
安　徽	49301034	34040162	69.05
福　建	25984614	20529758	79.01
江　西	32760827	25516862	77.89
山　东	74254854	58723149	79.08
河　南	74256647	59203476	79.73
湖　北	46770130	37479295	80.14

续表

地名	6 岁及以上人口	教育人口	教育人口占 6 岁及以上人口比例
湖 南	53009388	44781773	84.48
广 东	54541152	46359481	85.00
广 西	36401016	30350880	83.38
海 南	5671396	4505671	79.45
四 川	96139799	77071176	80.17
贵 州	28081947	18390818	65.49
云 南	32236959	20946954	64.98
西 藏	1863057	551444	29.60
陕 西	28319382	21863562	77.20
甘 肃	19440503	12300103	63.27
青 海	3922085	2410039	61.45
宁 夏	4023231	2761358	68.64
新 疆	12968382	10514624	81.08
全 国	994089929	789235125	79.39

表 1-3 2000 年中国教育人口基础数据

单位：人，%

地名	6 岁及以上人口	教育人口	教育人口占 6 岁及以上人口比例
北 京	13023990	12395098	95.17
天 津	9381201	8814739	93.96
河 北	62335115	57197055	91.76
山 西	29741362	27830759	93.58
内蒙古	21834015	19481332	89.22
辽 宁	39632542	37343441	94.22
吉 林	25474107	23941829	93.98
黑龙江	34329762	32213865	93.84
上 海	15806710	14716871	93.11
江 苏	69220051	62995920	91.01
浙 江	43119938	38574266	89.46
安 徽	54781525	47290428	86.33
福 建	32031728	28953598	90.39
江 西	37026619	34146778	92.22
山 东	84523711	75390452	89.19
河 南	84816733	77887643	91.83

续表

地名	6岁及以上人口	教育人口	教育人口占6岁及以上人口比例
湖 北	56343167	51326349	91. 10
湖 南	59397047	55737879	93. 84
广 东	78197935	73535405	94. 04
广 西	40401357	37912744	93. 84
海 南	6890266	6240397	90. 57
重 庆	28254314	25707008	90. 98
四 川	76182542	67910082	89. 14
贵 州	31285200	25299379	80. 87
云 南	38226672	31638467	82. 77
西 藏	2310307	1088804	47. 13
陕 西	33018083	29741309	90. 08
甘 肃	23013261	18461703	80. 22
青 海	4360863	3173853	72. 78
宁 夏	4931879	4077984	82. 69
新 疆	16808291	15278125	90. 90
全 国	1156700293	1046303562	90. 46

表 1-4　2010 年中国教育人口基础数据

单位：人，%

地名	6岁及以上人口	教育人口	教育人口占6岁及以上人口比例
北 京	18813279	18449509	98. 07
天 津	12388491	12076179	97. 48
河 北	66150575	63996877	96. 74
山 西	33521349	32653126	97. 41
内蒙古	23362679	22231408	95. 16
辽 宁	41873047	40897511	97. 67
吉 林	26136514	25499272	97. 56
黑龙江	36619463	35705877	97. 51
上 海	22085668	21391052	96. 85
江 苏	74119475	70671255	95. 35
浙 江	51484414	48111953	93. 45
安 徽	55103738	49944882	90. 64
福 建	34366573	33176420	96. 54
江 西	40413800	38731543	95. 84

续表

地名	6 岁及以上人口	教育人口	教育人口占 6 岁及以上人口比例
山　东	89358154	84031522	94.04
河　南	85563558	81033994	94.71
湖　北	53724341	50729922	94.43
湖　南	60715957	58703783	96.69
广　东	97649498	95037764	97.33
广　西	41837842	40249903	96.20
海　南	7949791	7559641	95.09
重　庆	26962605	25613886	95.00
四　川	75277913	70317480	93.41
贵　州	31837765	28523821	89.59
云　南	42475720	39083092	92.01
西　藏	2705849	1780612	65.81
陕　西	35187233	33550447	95.35
甘　肃	23912906	21463961	89.76
青　海	5184022	4483535	86.49
宁　夏	5798346	5379180	92.77
新　疆	19965557	19330310	96.82
全　国	1242546122	1180409717	95.00

二　教育人口预测数据

表 1 – 5　2020 年不同教育等级的分年龄人口情况

单位：人

年龄	小学	初中	高中	大学及以上
6 岁	19350000	0	0	0
7 岁	19310174	0	0	0
8 岁	19284690	0	0	0
9 岁	19066541	0	0	0
10 岁	18713585	0	0	0
11 岁	18340801	0	0	0
12 岁	688704	17199701	0	0
13 岁	700693	16904648	0	0

续表

年龄	小学	初中	高中	大学及以上
14 岁	713317	16684661	0	0
15 岁	730278	5884443	10649535	0
16 岁	752528	6043321	10463975	0
17 岁	804737	6441552	10676578	0
18 岁	830605	6627643	7021185	3499020
19 岁	861945	6856672	7052188	3375415
20 岁	896863	7126817	7120872	3271527
21 岁	888465	7039306	6831001	3010522
22 岁	778739	6152258	5799113	2449981
23 岁	835411	6581522	6027362	2438034
24 岁	882605	6934336	6169408	2388517
25 岁	950748	7449758	6439168	2384027
26 岁	734776	5753200	4831070	1708892
27 岁	984966	7692088	6274918	2118498
28 岁	1075716	8379361	6640101	2137296
29 岁	1430744	9058809	6972549	2137131
30 岁	2544366	11651159	8709429	2538703
31 岁	2596005	10575918	7645227	2156346
32 岁	16803577	4053979	2496010	663496
33 岁	10001768	8918381	5345896	1327298
34 岁	5269351	9588449	5811405	1363169
35 岁	3368189	13716028	2284688	467948
36 岁	2751992	11378011	4683037	826418
37 岁	2449109	10330167	5559424	852830
38 岁	2797369	11703448	6664034	1216735
39 岁	2480246	9682534	4552033	1773413
40 岁	2693212	9358193	3878950	1775145
41 岁	2863978	9644514	3917613	1774091
42 岁	3143992	9719168	3639926	1543173
43 岁	3225875	9333572	3231341	1348691
44 岁	3987428	10711755	3387786	1454949
45 岁	4472455	10904030	3244662	1466104
46 岁	5109103	11726315	3327913	1524090
47 岁	5454094	11955185	3360014	1565518
48 岁	5970046	12449247	3406155	1534153

续表

年龄	小学	初中	高中	大学及以上
49 岁	6321270	12446932	3358070	1515234
50 岁	7448008	13588900	3574269	1568668
51 岁	6954103	11889923	3078271	1408038
52 岁	7859634	13159368	3226951	1488273
53 岁	6320934	10405452	2295940	1039024
54 岁	6914401	11993799	2724030	1194546
55 岁	6422066	11849205	3179100	1230703
56 岁	5779656	11134358	3773774	1275276
57 岁	6164184	12310055	5275135	1486787
58 岁	4826827	8577454	4314965	974899
59 岁	2687605	4236929	2634518	518847
60 岁	3661069	5151729	3393628	578135
61 岁	3492890	4383939	2874954	463239
62 岁	5007322	5613779	3261684	565692
63 岁	5909354	6067157	3139308	624608
64 岁	5740990	5359653	2459333	569073
65 岁	6548608	5490734	2205015	569059
66 岁	6844125	5218345	1820320	534264
67 岁	6542916	4433835	1301771	415888
68 岁	6919476	4298725	1087648	385278
69 岁	5795566	3421228	803256	324915
70 岁	5894352	3178870	786700	322065
71 岁	5639578	2606621	785019	290554
72 岁	4836806	2019414	690831	233221
73 岁	4508331	1895902	633947	222013
74 岁	3889992	1774027	525634	218356
75 岁	3325130	1596220	461058	191925
76 岁	3010906	1416886	444179	167840
77 岁	2540840	1144112	422617	147432
78 岁	2385420	1015960	423106	145754
79 岁	2272844	856724	377603	142970
80 岁	2127719	734499	331811	139001
81 岁	1634338	495855	238744	119846
82 岁	1689658	468992	225259	115487
83 岁	1424780	364026	175698	93607

续表

年龄	小学	初中	高中	大学及以上
84 岁	1276558	310128	145773	76927
85 岁	808406	173275	71504	34612
86 岁	666987	141952	58682	28361
87 岁	610579	129506	53583	25877
88 岁	465888	97339	40428	19457
89 岁	360003	74726	31088	14940
90 岁及以上	347101	71132	29690	14226

表 1 - 6　2030 年不同教育等级的分年龄人口情况

单位：人

年龄	小学	初中	高中	大学及以上
6 岁	15070000	0	0	0
7 岁	19401611	0	0	0
8 岁	19404064	0	0	0
9 岁	19406879	0	0	0
10 岁	19410669	0	0	0
11 岁	15346281	0	0	0
12 岁	446483	16926405	0	0
13 岁	483242	17481161	0	0
14 岁	521441	17969391	0	0
15 岁	558847	4667980	13717133	0
16 岁	593767	4934549	13749848	0
17 岁	617586	5107975	13513881	0
18 岁	639794	5284090	7685122	5604039
19 岁	657143	5403453	7593660	5338323
20 岁	669030	5478108	7444569	5044223
21 岁	679195	5539058	7284001	4755670
22 岁	685319	5567565	7089075	4458531
23 岁	696928	5641042	6958416	4214378
24 岁	709155	5734232	6855888	3997188
25 岁	725662	5847244	6780025	3802190
26 岁	747424	6002333	6751296	3641709
27 岁	798946	6395202	6979938	3619816
28 岁	824296	6577304	6967856	3472444
29 岁	855135	6802492	6996463	3348743

续表

年龄	小学	初中	高中	大学及以上
30 岁	889511	7068391	7062495	3244707
31 岁	880867	6979107	6772584	2984777
32 岁	771879	6098066	5748033	2428401
33 岁	827788	6521472	5972368	2415789
34 岁	874312	6869179	6111439	2366074
35 岁	941504	7377321	6376558	2360847
36 岁	727318	5694807	4782037	1691548
37 岁	974597	7611110	6208859	2096196
38 岁	1063886	8287208	6567076	2113791
39 岁	1414264	8954466	6892237	2112515
40 岁	2513602	11510287	8604124	2508008
41 岁	2562851	10440850	7547588	2128807
42 岁	16577088	3999577	2462515	654593
43 岁	9859887	8790618	5269311	1308284
44 岁	5191396	9441893	5722579	1342333
45 岁	3316150	13492251	2248229	460481
46 岁	2707096	11180347	4602439	812195
47 岁	2406276	10139272	5456345	837017
48 岁	2744641	11472195	6530958	1193099
49 岁	2429895	9476827	4454376	1735504
50 岁	2634520	9143353	3789461	1733515
51 岁	2796064	9403754	3819526	1728571
52 岁	3063429	9455456	3540959	1500520
53 岁	3135669	9057238	3135477	1308468
54 岁	3866270	10366305	3277890	1407714
55 岁	4323534	10518559	3129089	1413988
56 岁	4923725	11273537	3198200	1464652
57 岁	5239181	11452016	3217389	1498950
58 岁	5713912	11875518	3247669	1462391
59 岁	6025555	11819390	3187242	1437596
60 岁	7065472	12834819	3374121	1479849
61 岁	6558646	11159893	2887626	1319457
62 岁	7368789	12269126	3006534	1384779
63 岁	5888307	9630369	2123015	958730
64 岁	6396646	11015563	2499234	1092902

年龄	小学	初中	高中	大学及以上
65 岁	5894714	10786858	2890063	1114819
66 岁	5259817	10035921	3396776	1142427
67 岁	5560288	10976140	4698066	1316256
68 岁	4311461	7549906	3792383	851200
69 岁	2371459	3675797	2284366	446512
70 岁	3174986	4391541	2892501	488436
71 岁	2975787	3662492	2402100	383370
72 岁	4185180	4590646	2669333	457961
73 岁	4836664	4839572	2507024	493501
74 岁	4594131	4168623	1912414	438087
75 岁	5105815	4153746	1664383	426256
76 岁	5191451	3837038	1333287	388863
77 岁	4810154	3153019	921251	292601
78 岁	4922918	2949186	742771	261021
79 岁	3981076	2258825	528042	211376
80 岁	3876698	2004747	493266	199205
81 岁	3521239	1557490	468729	169702
82 岁	2871324	1143940	391937	128616
83 岁	2533729	1013946	339896	115343
84 岁	2067290	892089	264914	107095
85 岁	1658918	749091	217897	87808
86 岁	1399331	618390	196075	71253
87 岁	1101803	464970	173597	58126
88 岁	956019	381417	159966	53065
89 岁	836810	294355	130371	47571
90 岁及以上	718299	230368	104569	42152

表 1 - 7 2040 年不同教育等级的分年龄人口情况

单位：人

年龄	小学	初中	高中	大学及以上
6 岁	14920000	0	0	0
7 岁	14781197	0	0	0
8 岁	14782986	0	0	0
9 岁	14785041	0	0	0
10 岁	14787818	0	0	0

续表

年龄	小学	初中	高中	大学及以上
11 岁	13262493	0	0	0
12 岁	185838	14332744	0	0
13 岁	206283	14423740	0	0
14 岁	227027	14514999	0	0
15 岁	248377	2222925	12401582	0
16 岁	270296	2391824	12354319	0
17 岁	371205	3267219	15695168	0
18 岁	396367	3456298	7572403	7909918
19 岁	421496	3644569	7603765	7664840
20 岁	446602	3832131	7632716	7421951
21 岁	372819	3176610	6051535	5678520
22 岁	444375	3761822	6866835	6217835
23 岁	480749	4060792	7114317	6215862
24 岁	518518	4354588	7332726	6181328
25 岁	555452	4639624	7519044	6114762
26 岁	589898	4902391	7655200	6005042
27 岁	613318	5072671	7640279	5780201
28 岁	635129	5245560	7629084	5563176
29 岁	652160	5362474	7536071	5297837
30 岁	663765	5434998	7385985	5004528
31 岁	673673	5494025	7224782	4717007
32 岁	679571	5520865	7029613	4421133
33 岁	690892	5592179	6898143	4177873
34 岁	702831	5683097	6794750	3961543
35 岁	718976	5793372	6717558	3767159
36 岁	740258	5944783	6686565	3606792
37 岁	790981	6331442	6910349	3583727
38 岁	815701	6508726	6895206	3436238
39 岁	845782	6728090	6919939	3312117
40 岁	879269	6987007	6981178	3207348
41 岁	869998	6892997	6689022	2947950
42 岁	761847	6018811	5673327	2396839
43 岁	816328	6431189	5889687	2382345
44 岁	861456	6768174	6021575	2331283
45 岁	926767	7261845	6276746	2323893

续表

年龄	小学	初中	高中	大学及以上
46 岁	715116	5599265	4701808	1663168
47 岁	957131	7474708	6097587	2058629
48 岁	1043446	8127991	6440907	2073180
49 岁	1385102	8769822	6750117	2068954
50 岁	2457758	11254566	8412969	2452289
51 岁	2501056	10189101	7365601	2077477
52 岁	16144689	3895682	2398548	637589
53 岁	9582603	8541171	5119787	1271159
54 岁	5035178	9149330	5545262	1300740
55 岁	3208543	13032792	2173158	445105
56 岁	2612219	10766337	4433405	782366
57 岁	2314658	9734160	5237696	803476
58 岁	2630115	10973193	6244215	1141979
59 岁	2319133	9027032	4241108	1652678
60 岁	2503490	8666806	3591079	1641409
61 岁	2642263	8861751	3598783	1626410
62 岁	2878666	8854294	3315399	1403469
63 岁	2926867	8421123	2914843	1215939
64 岁	3584626	9567576	3023923	1298564
65 岁	3976796	9625798	2861593	1293342
66 岁	4488366	10215616	2895350	1325884
67 岁	4731737	10270072	2882578	1342701
68 岁	5107782	10526216	2875239	1293830
69 岁	5319713	10332327	2782775	1253896
70 岁	6148165	11042260	2898806	1269173
71 岁	5613711	9432722	2437069	1110513
72 岁	6199527	10173250	2488318	1142065
73 岁	4857604	7809864	1717576	771242
74 岁	5166447	8727565	1974550	856919
75 岁	4658325	8340598	2226327	850501
76 岁	4064325	7564203	2550856	847088
77 岁	4187778	8025407	3424661	944418
78 岁	3164197	5338775	2671312	589223
79 岁	1687651	2508012	1556462	298326
80 岁	2163905	2868528	1888758	311745

续表

年龄	小学	初中	高中	大学及以上
81 岁	1938321	2274128	1491937	232338
82 岁	2597551	2702918	1574772	262815
83 岁	2861737	2694473	1399791	268268
84 岁	2578499	2190998	1004639	224503
85 岁	2693471	2045642	815299	204927
86 岁	2571622	1772324	610174	175266
87 岁	2230261	1358953	392593	122967
88 岁	2122672	1175420	292910	101013
89 岁	1596808	833565	192964	75407
90 岁及以上	1435508	681902	165681	64896

表 1-8　2050 年不同教育等级的分年龄人口情况

单位：人

年龄	小学	初中	高中	大学及以上
6 岁	14730000	0	0	0
7 岁	14961161	0	0	0
8 岁	14962903	0	0	0
9 岁	14964910	0	0	0
10 岁	14967632	0	0	0
11 岁	14075643	0	0	0
12 岁	19804	15276752	0	0
13 岁	19799	15209975	0	0
14 岁	39293	15073575	0	0
15 岁	57017	747373	14200090	0
16 岁	75831	890543	13902524	0
17 岁	94280	1030439	13606475	0
18 岁	113438	1178274	5376203	8064305
19 岁	132588	1325625	5427645	7846126
20 岁	151729	1472508	5476013	7630768
21 岁	151879	1451710	4951102	6652136
22 岁	184992	1732076	5461688	7073745
23 岁	205257	1888719	5541159	6922087
24 岁	225799	2047095	5618592	6770806
25 岁	246922	2209903	5700898	6628034
26 岁	268597	2376792	5785997	6490678

年龄	小学	初中	高中	大学及以上
27 岁	368732	3245454	7486611	8104000
28 岁	393581	3432005	7519179	7854321
29 岁	418414	3617920	7548167	7608795
30 岁	443213	3803058	7574809	7365642
31 岁	369888	3151631	6003948	5633866
32 岁	440780	3731388	6811282	6167532
33 岁	476733	4026869	7054886	6163937
34 岁	514058	4317134	7269657	6128163
35 岁	550516	4598392	7452223	6060421
36 岁	584441	4857040	7584382	5949490
37 岁	607419	5023881	7566793	5724605
38 岁	628739	5192786	7552331	5507207
39 岁	645278	5305892	7456554	5241937
40 岁	656389	5374606	7303914	4948919
41 岁	665740	5429328	7139704	4661459
42 岁	671123	5452233	6942225	4366172
43 岁	681776	5518397	6807129	4122751
44 岁	692984	5603473	6699551	3906039
45 岁	708273	5707132	6617561	3711081
46 岁	728487	5850256	6580243	3549441
47 岁	777504	6223564	6792606	3522665
48 岁	800780	6389665	6769076	3373381
49 岁	829142	6595724	6783799	3246955
50 岁	860574	6838450	6832746	3139154
51 岁	849645	6731741	6532538	2878985
52 岁	742603	5866774	5530017	2336294
53 岁	793855	6254137	5727543	2316759
54 岁	835666	6565550	5841303	2261489
55 岁	896352	7023528	6070758	2247628
56 岁	689450	5398307	4533060	1603477
57 岁	919923	7184133	5860547	1978601
58 岁	999185	7783214	6167693	1985239
59 岁	1321078	8364455	6438106	1973321
60 岁	2333329	10684780	7987044	2328136
61 岁	2361270	9619626	6953933	1961366

续表

年龄	小学	初中	高中	大学及以上
62 岁	15153544	3657429	2251857	598595
63 岁	8939950	7963540	4773541	1185192
64 岁	4670873	8468890	5132858	1204004
65 岁	2956755	11962389	1997960	409221
66 岁	2388058	9792708	4035618	712168
67 岁	2096960	8775299	4720296	724105
68 岁	2357470	9789641	5564659	1020569
69 岁	2053146	7951202	3731440	1454678
70 岁	2187117	7522356	3114892	1420685
71 岁	2272141	7565379	3070992	1382838
72 岁	2435140	7422448	2778310	1172885
73 岁	2426065	6909014	2390538	996236
74 岁	2910710	7675942	2423049	1040353
75 岁	3158588	7543197	2238474	1012198
76 岁	3482179	7803998	2206384	1010234
77 岁	3574485	7619168	2133234	993150
78 岁	3755848	7575574	2062916	926697
79 岁	3791373	7184448	1928846	866881
80 岁	4225512	7379289	1930358	841442
81 岁	3698966	6028314	1551697	702193
82 岁	3910305	6197558	1508988	686560
83 岁	2929465	4525659	989589	438226
84 岁	2964568	4793733	1077360	459102
85 岁	2535587	4324943	1144492	427273
86 岁	2099488	3701197	1237792	398991
87 岁	2047075	3685338	1562071	415443
88 岁	1457459	2277964	1130130	239613
89 岁	728267	995170	615771	113043
90 岁及以上	861086	1051982	692214	108854

随着中国经济发展进入质量时代，人口质量研究升温具有必然性。人口质量的相对滞后是中国人口转变后的短板所在，提高人口质量更是未来人口发展的重要方向。中国人口转变可分为数量转变与质量转变两个阶段，当我们认为中国在 2002 年左右已完成了人口转变时，实际上是完成了人口数量转变，而且是在强政策干预下完成的，但并没有完成人口质量转变。因此，在人口数量转变完成之后，我们既面临低生育水平持续的人口数量问题（包括其所衍生的结构问题），也遇到如何快速提升人口质量的问题。促进人口数量转变与质量转变的同步完成，不仅仅是人口问题，也是教育问题，更是全社会的问题。

基于上述思考，结合本人对教育与人口问题的长期关注，尝试提出了中国人口质量转变的基本框架，努力回答新时代下人口发展面临的质量提升问题。本人对此领域能够持续关注，感谢多个资助项目的大力支持。2013 年，广东省宣传文化人才专项资金"比较视阈下的人口竞争力研究——基于粤浙苏鲁四省的实证分析"的资助，为充分认识人口质量的区域差异提供了基础素材；2016 年，本人获得了"广东省青年文化英才"的称号，其资助为深化此研究提供了动力支持；广东省社会科学院近年来的战略型智库建设的定位，则进一步推动本人努力去梳理和提炼出此领域成果。

本书研究，得到了广东省社会科学院原院长梁桂全研究员和社会学与人口学研究所原所长郑梓桢研究员的关心和帮助，广东省社会科学院蒋斌书记、王珺院长、周薇副院长、章扬定副院长和人事处处长游霭琼研究员，科研处处长梁军研究员及社会学与人口学研究所的同事们均对本书研究给予了支持和帮助，在此一并致以诚挚的谢意！

初生之物，其形必丑，本书对人口质量研究仅是一个起点。书中缺点错误在所难免，诚望广大读者批评指正。

周仲高

2018 年 3 月 4 日于广州

图书在版编目（CIP）数据

赢取教育红利：中国人口质量转变初论／周仲高著
. - - 北京：社会科学文献出版社，2018.5
ISBN 978 - 7 - 5201 - 2655 - 7

Ⅰ.①赢… Ⅱ.①周… Ⅲ.①人口教育学 - 研究 - 中
国 Ⅳ.①C92 - 05

中国版本图书馆 CIP 数据核字（2018）第 073075 号

赢取教育红利：中国人口质量转变初论

著　者／周仲高

出 版 人／谢寿光
项目统筹／许秀江　王婧怡
责任编辑／王婧怡　张　娇

出　　版／社会科学文献出版社·经济与管理分社（010）59367226
　　　　　地址：北京市北三环中路甲 29 号院华龙大厦　邮编：100029
　　　　　网址：www.ssap.com.cn
发　　行／市场营销中心（010）59367081　59367018
印　　装／三河市东方印刷有限公司

规　　格／开　本：787mm×1092mm　1/16
　　　　　印　张：10.5　字　数：155 千字
版　　次／2018 年 5 月第 1 版　2018 年 5 月第 1 次印刷
书　　号／ISBN 978 - 7 - 5201 - 2655 - 7
定　　价／59.00 元